Basic Course of Translation

China University of Mining and Technology Press

翻译基础教程

主　编　郭明静
副主编　徐　萍
参　编　高晓琦 刘　畅 徐多毅 张　帆 王春燕

中国矿业大学出版社
·徐州·

图书在版编目(CIP)数据

翻译基础教程/郭明静主编. —徐州：中国矿业大学出版社，2022.8

ISBN 978-7-5646-5523-5

Ⅰ. ①翻… Ⅱ. ①郭… Ⅲ. ①英语—翻译—高等学校—教材 Ⅳ. ①H315.9

中国版本图书馆 CIP 数据核字(2022)第 148940 号

书　　名　翻译基础教程

Fanyi Jichu Jiaocheng

主　　编　郭明静

责任编辑　侯　明

出版发行　中国矿业大学出版社有限责任公司

(江苏省徐州市解放南路　邮编 221008)

营销热线　(0516)83884103　83885105

出版服务　(0516)83995789　83884920

网　　址　http://www.cumtp.com　**E-mail**:cumtpvip@cumtp.com

印　　刷　苏州市古得堡数码印刷有限公司

开　　本　710 mm×1000 mm　1/16　**印张** 13.25　**字数** 231 千字

版次印次　2022 年 8 月第 1 版　2022 年 8 月第 1 次印刷

定　　价　36.00 元

前　言

本教材立足非英语专业本科生的英语基础，按照大学生的专业学习要求和实践要求进行内容结构安排，旨在从简单的翻译技巧引出抽象的英语知识，以解决问题为导向安排知识点，进行思路明晰的导学，以求使大学生完成由浅入深的认识过程。大学生还可以利用本教材进行自学，帮助发展自身的英语自主学习能力。教材对于翻译的基本知识点都有较详细的解释，并且通过分析讲解大量的案例，力求强化学习者应用翻译知识解决实际问题的能力，增强大学生在未来就业市场上的竞争力。

本教材注重锻炼大学生用翻译学知识解决实际问题的能力，引导大学生通过了解中西方文化差异来研究翻译理论、翻译技巧。教材各部分知识点相对独立，但各单元、案例之间有比较密切的内在逻辑关系，能够使大学生做到温故知新，循序渐进地引导他们一步步完成运用翻译技巧解决问题的学习过程。教材编排符合不同专业人才培养的要求，不仅扩大了教材的使用范围，也增强了教材的综合性和灵活性。

同时，本教材以提高大学生的翻译素养与能力为出发点，力求贴近实际。由于教材面对的是高校非英语专业的本科生，而这些学生普遍缺乏英汉翻译理论与实践的系统训练，所以，教材在内容的选取上，充分补充了“大学英语”课程教学内容，渗入了考研英语的相关知识点，这样既满足了非英语专业学生学习翻译基础知识及培养应用技能的需求，也满足了他们学习后续相关专业课程及考研的需求，为他们日后从事相关工作增加知识储备。

在结构体例上，本教材力求充分贴合实际，在每一单元中均包含了大量翻译案例、考研翻译真题及自主学习内容，帮助大学生培养世界眼光，树立国际意识和跨文化交际意识，增进大学生对中外文化异同的认知和对不同文化的理解，使他们在国际科技、文化沟通和交流中具备基本的、较为扎实的英语语言文化基础。在编写过程中，本教材除了介绍翻译学的思想体系，融入了翻译学的历史、应用和发展趋势，让大学生了解我国历代翻译家的精神和贡献，潜移默化地帮助大学生形成正确的价值观，还适当嵌入了课程思政的内容，以期润物无声地对大学生进行思想引导。

此外，本教材在编写过程中，参考了许多其他翻译学的相关文献，吸收了许多专家同人的观点和例句，但为了行文方便，不便在正文中一一注明。书后所附参考文献是本教材重点参考的文献。在此，特向在本教材中引用和参考的已注明和未注明的教材、专著以及文章等的作者表示诚挚的谢意。

在出版时，本教材得到常州大学教务处和外国语学院的鼓励和支持，在此深表谢意。

本教材虽经几次修改，但由于编者能力所限，难免有不足和疏漏之处，敬请专家读者批评指正。

目　录

它有着自己的内在科学规律；也有人视翻译为一门艺术，因为翻译好比作画，要先抓住客观人物的形态和神态，然后用画笔把它惟妙惟肖地表现在画上；还有人将翻译认作是一门技能，因为就其具体操作过程而言总是离不开方法和技巧的。下面是部分翻译理论家对翻译的定义，从中可见，视角的不同可以导致对翻译性质认识的差异：

（1） Translating consists in reproducing in the receptor language the closest natural equivalent of the source language message, first in terms of meaning and secondly in terms of style.（Nida）

（2） Translation may be defined as follows：The replacement of textural material in one language（SL）by equivalent textual material in another language（TL）.（Catford）

（3） Translation is a process in which the parole of one language is transferred into the parole of another with the content i. e. meaning unchanged.（Barhudarov）

（4） Translation is discussion.（Peter Newmark）

（5）翻译是一种创造性的工作，好的翻译等于创作，甚至还可能超过创作。（郭沫若）

（6）刘重德给翻译的定义是：

Translation is a science.

Translation is an art.

Translation is a craft.

Translation is a skill.

Translation is an operation.

Translation is a language activity.

Translation is communicating.

随着相关学科的发展，人们对翻译的定义更是多种多样，如：

（1）翻译是把一种语言的言语产物变成等值的另一种语言的言语产物。（语言学）

（2）翻译是用一种语言符号解释另一种语言符号。（符号学）

（3）翻译是异语交际活动，通过语言转换达到交际目的。（交际学）

（4）翻译是将一种特定的社会文化背景中言语的意义与内涵再现于另一种社会文化背景之中。（社会文化学）

（5）翻译是艺术，是创作，是创造性地再现原文。（文艺学）

(6) 翻译是一定条件下的美学现象,是一种审美活动。(美学)

(7) 翻译是对原文及其整个系统的等同反映。(系统论)

(8) 翻译是把一种语言承载的信息用另一种语言表达出来,是旨在传递信息的解码与重新编码活动。(信息论)

总体看来,翻译是一门综合性学科,因为它集语言学、文学、社会学、教育学、心理学、人类学、信息学等学科之特点于一身,在长期的社会实践中已经拥有了它自己的一套抽象的理论、原则和具体方法,形成了它自己独立的体系,而且在相当一部分的语言材料中这些方法正在逐渐模式化。

我们尝试给翻译下一个比较完备的定义:翻译是两个语言社会(language-community)之间的交际过程和交际工具,它的目的是要促进本语言社会的政治、经济和文化的进步,它的任务是要把原作品中包含的现实世界的逻辑映象或艺术映象,完好无损地从一种语言中移注到另一种语言中。

(二) 翻译的分类

翻译的分类是由分类的范畴决定的,这种范畴可能是翻译的功能、翻译的工具、翻译的形式,也可能是翻译的目的、翻译的服务内容等。一般说来,翻译可从五个不同的角度来分类:

(1) 从译出语和译入语的角度来分类,翻译可分为本族语译为外语和外语译为本族语;

(2) 从涉及的语言符号来分类,翻译可分为语内翻译(intralingual translation)、语际翻译(interlingual translation)和符际翻译(intersemiotic translation);

(3) 从翻译的手段来分类,翻译可分为口译(interpretation)、笔译(written translation)和机器翻译(machine translation);

(4) 从翻译的题材来分类,翻译可分为专业文献翻译(translation of English for science and technology)、文学翻译(literary translation)和应用文翻译(practical writing translation);

(5) 从翻译的处理方式来分类,翻译可分为全译(full translation)、摘译(partial translation)、节译(selective translation)和编译(translation plus editing)。

还有人按对待翻译的态度将其分为:抢译(scrambled translation)、伪译(pseudo-translation)、死译(mechanical/awkward translation)、硬译(servile translation)、逐字译(word-for-word translation)、定译(definitive translation)、

乱译(uncontrolled translation)、胡译(unrestricted translation)和滥译(indiscriminate translation)等。

从所涉及的语言来说,我们中国英语学习者所做的翻译主要有两种:英译汉(English-Chinese translation)和汉译英(Chinese-English translation)。这两种翻译各有自己的特点和规律,不能一概而论。英译汉侧重汉语表达,所以从事英汉翻译的人需要有较好的汉语写作能力,而汉译英对英语表达能力要求较高。我国著名翻译家朱柏桐先生说过:“汉译英的实质是用英语写作。”这从一个方面揭示了汉译英的本质。

二、翻译的功能、意义和地位

对于翻译的功能、意义和地位,古往今来,有着许多不同的见解,有的弘扬,有的贬低,有的赞美,有的挖苦。各家之说,十分有趣,十分精辟。对于翻译的甘苦,也有许多精彩的比喻。

佛经翻译大师鸠摩罗什说,翻译犹如嚼饭喂人,不但失去真味,还带上我们的口水和爪齿的污秽。鲁迅说:翻译“是从别国窃得火来,本意却在煮自己的肉的,以为倘能味道较好,庶几在咀嚼者那一面也得到较多的好处,我也不枉费了身躯”。意大利有句谚语:翻译者就是叛逆者。塞万提斯通过堂·吉诃德的口说:“阅读译本就像从反面看花毯。”歌德则把翻译比作“下流的职业媒人”。翁显良说:“翻译本来就是为他人作嫁衣。”普希金说:“翻译是矛盾而辉煌的悲剧。”郭沫若也比喻:创作为处女,翻译不过是媒婆。

然而,郭沫若又说:“译文同样应该是一件艺术品。”林语堂也说:“翻译是一种艺术。”傅雷说:翻译家是“跟在伟大的作品后面,把他的心曲诉说给读者”。王佐良说:翻译是“一种英雄的事业”“在两种文化之间搭着桥梁”。钱锺书说:那些入“化”的翻译珍品为“投胎转世”。泰特勒(Tytler)说:“翻译是一门科学,也是一门艺术。”季羡林说:“中国文化之所以能长葆青春,万灵药就是翻译。”

翻译能促进全人类的共同发展。通过翻译,人们可以强化同外国的政治联系,建立国家间的友好交往,及时了解国际形势和发展趋势。通过翻译国外的科技文献,我们可以借鉴国外科技领域的先进经验和成果,提升我们在国际市场上的竞争力。借助翻译,人们可以向世界宣传本国文化,促进文化交流。

可以说,翻译的历史,实际上就是政治、经济和文化的交流史。从远古时代起,随着各民族的交往、商业贸易的开通、文化的交流、宗教的传播,翻译工作也就开始了。我国2 000多年的翻译史为我们积累了一份宝贵的文化财富,这是我国文化的重要组成部分，与我们的文学史、文化史一样，是具有同等价值的。

三、翻译标准

（一）中国的翻译理论

1. 东晋道安的“五失本、三不易”

道安是我国东晋时期的僧团领袖和佛学大师，佛经翻译家，魏晋佛学思想的集大成者，是第一位在中国佛经翻译历史上对译经事业存在的问题进行理论探讨的高僧。道安从宏观上提出了著名的“五失本、三不易”翻译思想，主张译文要保留原文的风格面貌。“五失本”谈到翻译的语序问题、文质问题和详简问题。“三不易”谈到佛典汉译面临的时代因素、读者因素和译者因素，这三大因素导致了佛典汉译不容易。道安理论的核心是要忠实于原文，力求合乎原文原意，反对蚀文灭质、削胡适秦。

2. 鸠摩罗什的“天然语趣”

鸠摩罗什与道安是同一时期的人，他一改前人的直古风格，主张意译，他的译作有“天然西域之语趣”。他是在中国翻译史上最早提出如何表现原文的文体与语趣等重要问题的人。

3. 玄奘的“既须求真，又须喻俗”和“五不翻”

玄奘被认为是我国古代翻译界的巨星，他与鸠摩罗什、真谛并称我国佛经的三大翻译家。他是我国第一位把中国文化典籍向国外介绍的人。他的翻译原则即“忠实、通顺”，直到今天仍有指导意义。

玄奘的“五不翻”，就是采用音译（transliteration），有五种情况：① 神秘语；② 多义词；③ 中国没有的物名；④ 久已通行的音译；⑤ 宣扬佛教需要的场合。如“般若”一词显得庄重，“智慧”就显得轻浮了。

4. 马建忠的“善译”

马建忠的善译理论用现代汉语来表达，可以概括为以下三大标准：① 译者要对两种语言素有研究，熟知彼此的异同；② 弄清原文的意义、精神和语气，把它传达出来；③ 译文与原文毫无出入，使读者读了译文后能够达到与读原文相同的感受。他的翻译理论已经涉及风格学、文法学、修辞学等，特别是最后一个标准的提出，在某种程度上使他成为“等值翻译”的鼻祖。

5. 严复的“信、达、雅”

清末极具影响的资产阶级启蒙思想家、翻译家和教育家严复提出的“信、达、雅”三字标准，对我国的翻译事业产生了巨大影响。翻译作品内容忠实于原文谓“信”，文辞畅达谓“达”，有文采谓“雅”。

严复提出的“信、达、雅”真可谓是论翻译的“三字真经”，让后来人难再论翻译了。沈苏儒在《论信达雅》一书中说：“历史已经证明，‘信、达、雅’理论 80 年来一直在对我国的翻译工作起着指导作用，至今它还有生命力。许多学者先后提出过各种不同的翻译原则(标准)，但看来还没有一种能够取代它。……我的浅见总觉得并没有超出‘信、达、雅’的范畴，在理论深度上或尚不如。”

6. 林纾的意译

林纾不懂外文，但他是一个深得“古文义法”的作家，他的助手译意，他便以作家的灵感加以再创造，译文自然流畅，引人入胜。林纾的意译，自成一家，是翻译领域的奇葩。

7. 鲁迅的“一当然力求其易解，一则保存着原作的丰姿”

鲁迅主张直译，但不是死译。针对当时那种“牛头不对马嘴”“削鼻剜眼”的胡译、乱译，他提出了“宁信而不顺”的主张。事实上，鲁迅是主张“信”“顺”兼顾的，“凡是翻译，必须兼顾着两面，一当然力求其易解，一则保存着原作的丰姿，但这保存，却又常常和易懂相矛盾：看不惯了。不过它原来是洋鬼子，当然谁也看不惯，为比较的顺眼起见，只能改换它的衣裳，却不该削低它的鼻子，剜掉它的眼睛。我是不主张削鼻剜眼的，所以有些地方，仍然宁可译得不顺口”。

8. 瞿秋白的“对等概念”

瞿秋白相当偏激，他主张翻译“绝对的正确和绝对的白话文”“翻译绝对不容许错误”。瞿秋白提出的翻译标准是：“翻译应当把原文的本意，完全正确地介绍给中国读者，使中国读者所得到的概念等于英俄日德法……读者从原文得来的概念。”这就是当今美国的奈达提出的“动态对等”理论，瞿秋白的提出比他早 60 多年。

9. 陈西滢的形似、意似与神似

与胡适、周氏兄弟、徐志摩并称为五四运动以来五大散文家之一的陈西滢从美术创作和临摹中，悟出了翻译的三种境界——形似、意似和神似。在《论翻译》中陈西滢对这三种境界阐述得很精辟，在中国翻译理论史上具有创见意义。他将翻译理论与文艺美学结合起来，直接启示了傅雷等人译学理论的形成，是“现代中国翻译界一帖对症的良剂”。

10. 茅盾的“再现意境”

中国现代著名作家、文学评论家、文化活动家以及社会活动家茅盾，早在1921 年就提出翻译中的“神韵”命题，曾拿绘画来与翻译相比。可以说陈西滢、傅雷的翻译观受到了茅盾的启示。

茅盾最精辟的译论，是他创造性地提出：再现意境是文学翻译的最高任务，让译语读者能够像读原作一样得到美的享受。

11. 傅雷的“重神似而不重形似”

20 世纪 60 年代初，当代翻译家、文艺评论家傅雷因在翻译巴尔扎克作品方面的卓越贡献，被法国巴尔扎克研究会吸收为会员。傅雷的译作达到了炉火纯青的境界，在当代翻译界享有很高的声誉。而他的翻译观在中国译论史上也独树一帜。

许渊冲把傅雷的翻译观总结为如下四点：① 翻译应当像临画一样，所求的不在形似而在神似；② 理想的译文，仿佛是原作者的中文写作；③ 最大限度内我们是要保持原文句法的，但无论如何要叫人觉得尽管句法新奇而仍不失为中文；④ 只要有人能胜过我，就表示中国还有人，不至于“廖化当先锋”，那就是我莫大的安慰。

12. 钱锺书的“化境”说

钱锺书是中国当代博大精深的大学问家。他学贯中西、涵盖古今。他说：“文学翻译的最高理想可以说是‘化’。把作品从一国文字转变成另一国文字，既不能因语文习惯的差异而露出生硬牵强的痕迹，又能完全保存原作的风味，那就算得入于‘化境’。”

钱锺书的“化境”为我们指出了翻译的最高理想。

13. 许渊冲的“化学”

许渊冲曾经说过，文学翻译不仅是“化”字，简直是“化学”。他的“化学”具体为“美化之艺术，创优似竞赛”——即“三美”“三化”“三之”。

“三美”是：翻译要做到“音美、意美、形美”；

“三化”是：翻译要做到“深化、等化、浅化”；

“三之”是：翻译要做到“知之、乐之、好之”。

1997 年 11 月 1 日，在北京的国际翻译学术研讨会上，许渊冲先生说了三句话：① 关于理论与实践，二者如有矛盾，应以实践为主；② 关于科学与艺术，翻译理论不是客观的科学规律；③ 关于创作与翻译，21 世纪是世界文学时代，文学翻译应该提高到和创作同等重要的地位。

14. 刘重德的“信、达、切”

刘重德是我国著名的翻译理论家，他提出的翻译三字原则，明显是对严复三字原则的改进，目的是避免人们对于“雅”字的争论。他说：“信——信于内容。达——达如其分。切——切合风格。”

但以“切”代替“雅”是否真的解决了百年争论呢？目前仍有学者对此抱怀疑态度，有的认为“切”字降低了标准，用之于文学翻译，尤其是诗歌翻译，就不尽合适，“切”字很容易成为翻译艺术的绊脚石。

15．张今的“真、善、美”

张今认为，真，是真实性原则；善，是思想性原则；美，是艺术性原则。

（二）西方的翻译理论

1．泰特勒的“三原则”

18世纪英国翻译理论家泰特勒提出了翻译的三大原则：① 译文应该完整地传达出原作的思想；② 译文的风格与笔调应和原作性质相同；③ 译文应与原作同样流畅。

2．阿诺德的风格论

阿诺德（M. Arnold）的翻译思想可以归纳为如下三点：① 自然界的某种美，是存在于整体而非分散的各个部分中的，诗歌的优美蕴藏在风格与声调里，而不是在分散的单字上；② 要揭示原作的风格，译者必须抓住作者的创作个性，决不能用自己的世界观去代替原作者的世界观；③ 语言自然性原则，必要时宁可牺牲对原文文字的信实，也不冒产生古怪与不自然的效果的危险。

3．费道罗夫的“等值翻译论”

费道罗夫（Fedolov）是苏联翻译理论家，他在《翻译理论概要》（1955）中提出了等值翻译的理论。

等值翻译理论可以概括为以下两点：① 译文与原文作用相符，即表达的思想、内容等值；② 译者选用的语言材料等值，即语言与文体的等值。

4．奈达的“动态对等”

奈达是当代美国著名的语言学家和翻译理论家，是西方现代翻译领域成果最丰硕的杰出代表。奈达的“动态对等”可以概括为：译文对译文接受者所起的作用，应与原文对原文接受者所起的作用大体相同。

奈达提出的“动态对等”原则包括四个方面：① 词汇对等；② 句法对等；③ 篇章对等；④ 文体对等。“动态对等”的要求是让目标语读者和文中传达出来的信息之间的关系与源语言的接受者和文中传达出的信息之间的关系保持一定程度的一致性。因此，信息需要根据目标语读者语言的特点、需求和目标语读者所在的文化语境的期待等来进行相应的调整。

5. 纽马克的“文本中心”

纽马克(Newmark)运用了布莱尔(Büler)和雅各布森(Jacobson)等语言学家对语言的三大功能的划分理论,即语言的表述功能(expressive function)、信息功能(informative function)和号召功能(vocative function),创造性地提出了“语义翻译”(semantic translation)和“交际翻译”(communicative translation)。纽马克认为语义翻译是艺术,而交际翻译则是技术。所以,他认为翻译既是艺术又是技术。

6. 塞莱斯科维奇的“翻译释义理论”

塞莱斯科维奇(Seleskovitch)是世界著名的口译理论家,她提出了“翻译释义理论”:翻译的对象不是语言,而是借助语言来表达意义。翻译的任务是传达交际意义,而语言只是理解意义必不可少的条件。翻译是人类的交际行为。翻译的对象应该是信息,是意义,而不是语言。

一般认为:翻译包括两个过程,一是理解,二是表达。而释义理论把翻译分为三步:理解—脱离源语语言外壳—重新表达。

关于翻译的标准,目前翻译界普遍接受的,也是作为一般翻译学习者必须努力掌握的标准,简而言之是两条:忠实(faithfulness)和通顺(smoothness)。从大量的翻译实践来看,这个翻译原则基本上是正确的,在翻译实践中也是可行的,但其缺点是执行起来让人感到过于笼统和抽象,且人们对它的理解或阐释往往存在着不同程度的差异,怎样协调好作者与读者之间的关系也常常让人感到棘手难办。

除了忠实和通顺这两项基本标准之外,好的译文还必须保持原文的风格,包括民族风格、时代风格、语体风格、作者个人的语言风格等。文艺作品的翻译尤其要求这样做。译者不能破坏或改变原文的风格,不能以译者的风格代替原作的风格。

四、翻译方法

(一) 直译 vs 意译

直译(literal translation)指翻译时要尽量保持原作的语言形式,包括用词、句子结构、比喻手段等,同时要求语言流畅易懂。直译并非一定是“字对字”、一个不多、一个也不少。

意译(free/liberal translation)则从意义出发,只要求将原文大意表达出来,不注意细节,译文自然流畅即可。意译不注重原作形式,包括句法结构、用词、比喻以及其他修辞手段。但意译并不意味着可以将原作内容随意删改，或添枝加叶。很多人称直译和意译为传统的翻译方法。表 1-1 为几个直译与意译对比的例子。

表 1-1　直译与意译举例

原文	译文 1(直译)	译文 2(意译)
It means killing two birds with one stone.	这意味着一石二鸟。	这意味着一举两得。 这意味着一箭双雕。
你不要班门弄斧了。	Don't display your axe at Lu Ban's door.	Don't teach your grandmother to suck eggs. Never offer to teach fish to swim.
一个萝卜一个坑。	Each radish grows in its own hole.	Each has his own work to do. There is nobody to spare.

"直译"和"意译"是最基本的两种翻译方法，用于不同的翻译目的，各有其价值与优点，没有高低优劣之分。没有绝对直译或绝对意译的译文。无论直译还是意译，都必须以圆满实现翻译的"忠实""通顺"原则为前提，"忠实""通顺"这两个原则紧密联系、缺一不可。意译时如果为了"通顺"而违背"忠实"原则就会变成"胡译"，而如果为了保留原文的形式而过分追求"直译"则会变成"死译"，如：有人把"green thumb（善于养花种草的人）"直译为"绿拇指"，把"the Milky Way（银河）"直译为"牛奶路"，把"Every dog has its day.（风水轮流转。/人人都有走运时。）"译为"每只狗都有它的日子"。

不同的篇章、体裁在直译和意译的偏向程度上往往有所不同。一般来说，文献类和新闻报道的翻译多采用直译，因为翻译这类文章关键在于译文的准确性；而对于诗歌、散文、小说、传记、戏剧、电影等以情感人的作品，翻译时应多采用意译，以充分再现原文的意境情趣。在进行翻译时，应该从实际出发，具体情况具体对待。就翻译策略来说，人们往往以直译为主，意译为辅，直译、意译相结合，灵活运用。

（二）异化 vs 归化

直译和意译所关注的核心问题是如何在语言层面处理形式和意义，而异化和归化则突破了语言因素的限制，将视野扩展到语言、文化和美学等因素上。归化和异化是翻译中处理文化因素的两种主要策略。

归化（domestication/adaptation）——TL culture-oriented：在译文中把源语

中的文化观念和价值观，用目的语中的文化观念和价值观来代替，特别是把原文的比喻、形象和民族地方色彩等用相应的目的语中的比喻、形象和民族地方色彩来代替。

异化(foreignization/alienation)——SL culture-oriented：在译文中保留源语的文化观念和价值观，特别是保留原文的比喻、形象和民族地方色彩等，让译文语言的读者感受到异域风情，感受到其他文化的存在与独特魅力。

1. 翻译的归化

奈达说："世界上的语言和文化惊人地相似，相似之处占 90%，不相似之处仅占 10%。"不同民族分布在世界各地，各自创造和发展自己的文化，其文化特质和模式各不相同，但不同民族的文化在很多方面也有着相同之处，即文化具有共性。文化的共性反映在语言上，就是说不同语言的表达有相似之处，即语义的对应。例如，《三国演义》中足智多谋的诸葛亮会令英国人发出"He is as wise as Solomon."的赞叹(Solomon，即所罗门，是古代以色列国王大卫的儿子，所罗门在位时，是古代以色列王国最强盛的时期)。当我们在翻译中遇到这种情况时，不由自主地会用一种语言中特定的词句去表达另一种语言中与之相对应的意思。比如"to strike while the iron is hot(趁热打铁)""Money is the root of all evil.(金钱是万恶之源)"等。汉语中有很多表达方式，不难在英语中找到与其对应的词句，比如"找麻烦"与"look for trouble"，"雨后春笋"与"like mushroom"等。归化理论认为，翻译即交流，就是要让目的语读者正确理解和欣赏译文，翻译的表达方式应该是自然的，不拘泥于源语的形式，因此翻译要以目的语文化为归宿，运用目的语文化中惯用的表达方式，使译文更通顺，更能为目的语读者所理解。所以归化翻译往往舍弃源语中具有文化内涵的词语或使用带有目的语文化色彩的词语来替代，它以剔除源语文化特征的方式来避免文化冲突，达到文化交流的目的。归化策略通过"转换"，把一种文化中的异质成分转化为另一种文化中人们所熟知的内容，使读者领略到不同文化之间不谋而合的妙趣，降低了理解的难度，但这种翻译策略在帮助人们了解、欣赏和借鉴其他国家和民族文化方面的作用相较于异化策略要弱许多。

【例 1】小事聪明，大事糊涂。

【译文】Penny wise, pound foolish.(归化)

【例 2】新官上任三把火。

【译文】New brooms sweep clean.(归化)

【例 3】宁做鸡头，不做凤尾。

【译文】Better be the head of a dog than the tail of a lion.(归化)

2. 翻译的异化

各个国家、各个民族的文化都有其内在物质和模式上的独特性,即文化具有个性。这种文化个性也即文化的差异性一直存在,并将继续存在下去。这就为语言翻译中采用异化翻译的策略提供了基本依据。1813 年德国著名语言学家和翻译理论家施莱尔马赫(Schleiermacher)提出了两种翻译方法:一种方法是尽可能让作者安居不动而引导读者去接近作者,另一种是尽可能让读者安居不动而引导作者去接近读者。前一种方法就是我们说的"异化",后一种方法就是我们说的"归化"。异化理论认为,既然翻译是文化交流的一种手段,就要让读者了解源语文化,承认、容忍文化间的差异,并在目的语中表现这种差异。因此异化理论提倡翻译要以源语文化为归宿,在翻译中尽量保存和接受源语文化的特征,以再现源语文化色彩,通过在目的语中保留源语文化的异国情调,来促进不同文化间的沟通与融合。如:"阴阳(yin and yang)""土楼(tulou)""铁饭碗(iron rice bowl)""三讲(Three Stresses: stress study, political awareness and integrity)"等,这类词语用"异化"方式译出来,已被实践证明是成功的"异化"译例,多次见诸国外媒体,既准确地反映了中国实情,又富有异域色彩。

异化翻译的前提是文化的差异性,它的作用如下:

第一,有助于读者扩大文化视野,获得知识和启迪。英语中很多说法形象生动,寓意深刻,表达独特。如:"In the county of the blind the one-eyed man is king."(盲人国内,独眼为王。)汉语中同样存在大量独特的说法,异化翻译成英文,如:"狗嘴里吐不出象牙。(One dosen't expect ivory from a dog's mouth.)"

第二,有助于读者更好地比较两国文化,增强对源语文化的理解,促进文化交流。两国文化中的语言形象,有的形义对应,如:"All the rivers run into the sea, yet the sea is not full.(异化为:百川归海,而海不盈。)"有的形义不对应,诸如"狼吞虎咽(归化为:eat like a horse)""笑掉牙齿(归化为:laugh off one's head)"等。

第三,极大地丰富了译入国的语言。一方面,许多英文表达方式流入中国后被中国人接受并广泛流传,甚至被认为是中国本土化的语言。如"dark horse(黑马)""flea market(跳蚤市场)""a stick-and-carrot policy(大棒加胡萝卜政策)"。另一方面,一些中国的表达方式进入英语国家后,也成为约定俗成的习语。如:"旧瓶装新酒(new wine in old bottles)""君子协定(gentleman's agreement)”“门户开放政策(the open-door policy)”。这是中国的语言文化融入了讲英语的国家,为讲英语的国家的语言文化带来了生气,增添了新鲜血液。

3. 归化与异化在具体应用时的注意事项

异化要有个度,一不能超越目的语语言文化的规范限度,二不能超越目的语读者的接受限度。

同时,要避免归化过度,避免译文读起来颇像原文作者在用目的语写作一样。这样的译文虽能博得一般读者的喜爱,但会产生“文化误导”“文化错觉”或“文化失真”,其危害在一定意义上要超过过度异化的译文。

在英译汉时,使用归化策略时译者要避免几种汉语成语的使用:

(1) 反映中华民族特殊习俗的成语,如拂袖而去、腰缠万贯、罄竹难书。

(2) 带有汉字特征的成语,如目不识丁、八字没一撇。

(3) 含有中国地名的成语,如稳如泰山、黔驴技穷、夜郎自大、洛阳纸贵。

(4) 含有中国人名的成语,如名落孙山、江郎才尽、事后诸葛亮。

【例 4】Many heads are better than one.

【译文 1】几个脑袋总比一个脑袋强。(异化)

【译文 2】三个臭皮匠,顶个诸葛亮。(归化)

此句不宜归化为具有浓厚汉语文化色彩的“三个臭皮匠,顶个诸葛亮”,因为把历史人物诸葛亮搬到西方作品中去,总让人感到不伦不类。此句可归化为“众人拾柴火焰高”或“一人不及众人计”。

【例 5】Beauty lies in lover's eyes.

【译文 1】情人眼里出美人。(异化)

【译文 2】情人眼里出西施。(归化)

同样此句也不宜归化为具有浓厚汉语文化色彩的“情人眼里出西施”。

翻译中采用归化还是异化的策略一直是翻译学界争论的热点和焦点问题。译者应视具体情况(应根据不同时代、不同译者、不同读者、不同文本以及不同文本承载的文化信息)灵活运用归化或异化翻译法。如果以传播文化的共性为主,则应采用以归化为主的翻译策略;如果以传播文化的个性为主,则应采用异化为主的翻译策略。

异化与归化是对立统一而又共生并存的,完全归化和完全异化都不能称为翻译,因此译者必须兼顾归化和异化两种方法。要复写原作的“思想”,忠实地再现原作的“风格和笔调”,“思想”与“风格和笔调”带有浓厚的异国情调,翻译中必须采用异化的方法;而要求译文像原作一样“通顺”,译者在语言表达中,又不得不做必要的归化。因此,归化与异化是并行不悖的,任何译本都是归化与异化相结合的产物。

译者应注意:

其一,无论喜欢异化还是归化,实际上往往两者并用,只不过轻重程度不同而已。没人会将一种翻译方法一用到底,因为两种方法均有优势和局限性。一般应在可能时尽量异化,异化困难时考虑归化。接近作者时,不能距离读者太远;接近读者时,不能距离作者太远。

其二,文化上尽量争取异化,尽量避免归化,尽量做到文化传真;在文字上不得已进行归化时,也要以尽量不引起"文化归化"为前提。

【例 6】All roads lead to Rome.

【译文 1】条条大路通罗马。(异化)

【译文 2】殊途同归。(归化)

【例 7】One can not make a silk purse out of a sow's ear.

【译文 1】猪耳朵做不出丝线包。(异化)

【译文 2】朽木不可雕。(归化)

【例 8】Homer sometimes nods.

【译文 1】荷马也有打盹时。(异化)

【译文 2】智者千虑,必有一失。(归化)

【例 9】Half a loaf is better than none.

【译文 1】半个面包总比没有面包强。(异化)

【译文 2】聊胜于无。(归化)

【例 10】Little stroke fell great oaks.

【译文 1】小斧不断砍,巨橡也会倒。(异化)

【译文 2】滴水穿石。(归化)

【例 11】A bird in the hand is worth two in the bush.

【译文 1】双鸟在林,不如一鸟在手。(异化)

【译文 2】十赊不如一现。(归化)

【例 12】天有不测风云,人有旦夕祸福。

【译文 1】Truly storms gather without warning in nature, and bad luck befalls men overnight.(异化)

【译文 2】I know the weather and human life are both unpredictable.(归化)

从上面各例的两种译文比较中可以看出，译文1保留了源语文化的因素，较为准确地表达了源语文化独有的意象，而译文2明白晓畅，却无法保持原汁原味，所以说两种译法各有优劣。

翻译原则要求我们忠实地再现原文作者的思想和风格，翻译中的“归化”和“异化”不仅是不矛盾的，而且是互为补充的。文化移植需要多种方法和模式，选取一种策略而完全排除另一种策略的做法是不可取的，也是不现实的。每种翻译策略各有优势与缺陷，在翻译中，直译、意译、归化、异化等翻译方法都非常重要。同学们在今后的学习中还会接触其他几种常用翻译技巧，如：音译法和释译法、增译法与省译法、转换译法（词类转换、句子成分转换、表达方式转换、自然语序与倒装语序转换、正反表达转换、语态转换、分句转换）、分译法（顺译法、逆译法、综合法）和合译法等。

五、翻译过程

翻译的过程：正确理解—充分表达—校核。

翻译活动涉及的因素：作者（author）、原文（original text）、原文读者（original text readers）、译者（translator）、译文（translated text）、译文读者（translated text readers）

翻译的可能性和局限性：可译性是绝对的，不可译性是相对的。

翻译时译者要牢记：① The meaning of a sign is determined by the meanings of other signs. ② Each word when used in a new context is a new word. ③ Words have no meanings, and people have meanings for them.

翻译是在正确理解原文的基础上，用译入语文字创造性地再现原文思想内容的语言过程。第一步是理解，第二步是表达。

六、英汉语言对比

（一）英汉语言特征对比

1. 英语重形合，汉语重意合

英语重形合是指英语语言符号之间有较强的逻辑关系；汉语重意合是指汉语句子主要通过字词的意义联结起来。

【例13】Accomplishment is often deceptive because we don't see the pain and perseverance that produced it. So we may credit the achiever with brains, brawn or lucky break and let ourselves off the hook because we fall short in all three.

【译文】成就常常使人产生错觉，使人只看到功成名就，却看不到成就的来之不易和为之所付出的艰辛困苦，总以为成功者之所以成功是因为人家身体棒、脑子灵、运气好，从而为自己找借口开脱，说自己没有获得成功是因为自己不具备上述这三条。

2. 英语爱化零为整，汉语喜化整为零

“英国人写文章往往化零为整，而中国人则化整为零”(王力)，这句话点出了英汉两种语言在篇章结构方面和句子互译方面的差异。

【例 14】Meanwhile he took the mutton off the gridiron, and gravely handed it around. We all took some, but our appreciation of it was gone, and we merely made show of eating it.

【译文】这时候，他从烤架上拿了些羊肉，庄重地送到我们面前，我们各自取了一些，可是我们早已没有了胃口，只不过做做样子，装吃罢了。

3. 英语爱用静态词，汉语常用动态词

英语喜欢使用静态词汇，而汉语则多使用动态词汇，英译汉时常常把原文中表示动作意义的静态叙述转换成汉语的动态叙述。

【例 15】Inspiration is the number one cause of greatness. If information is power, then inspiration must be the power of our potential. The power that moves us from the systematic to the spontaneous. From ideas to results.

【译文】灵感——伟大成就之源。如果说信息为力量的话，那么灵感便是一种使我们从按部就班到挥洒自如、从构思意念到取得成果的潜能。

4. 英语语序变换多，汉语语序较固定

英语为了获得句子形式上的平衡或修辞上的强调效果，经常将句中的某些成分的位置进行调整，如主谓倒装、宾语后置或与其他成分的位置调换等，以产生修辞上的生动效果。这种句子成分的位置调换在汉语中比较少见。

【例 16】Mr. Bennet was among the earliest of those who waited on Mr. Bingley. He had always intended to visit him, though to the last always assuring his wife that he should not go; and till the evening after the visit was paid, she had no knowledge of it.

【译文】班纳特先生尽管在太太面前始终都说不想去拜访彬格莱先生，实际上他一直都打算去，而且还是最先去拜访的人员之一。直到他去拜访后的那天晚上，他太太才知道实情。

5. 英语多被动，汉语常用主动

英语重物称，常采用无生命词语作主语，所以多被动句，并且不指出动作的执行者；汉语重人称，习惯用表示人或物的词语作主语，大都以主动句的形式出现。

【例 17】The little cares, fears, tears, timid misgivings, sleepless fancies of I don't know how many days and nights, were forgotten, under one moment's influence of that familiar, irresistible smile.

【译文】他那熟悉的笑容有一股不可抵抗的魔力，多少天来牵肠挂肚、淌眼抹泪，心里疑疑惑惑，晚上胡思乱想睡不着，一看见他，顷刻之间就把一切忧虑忘得精光。

（二）英汉词汇表达对比

1. 英语词汇含义多

英语中每个词都有个词义，这是基本意义。一个词的意义常常由于语言环境改变而改变，产生多个词义，其实这都是词的词典意义。有时候这个词在词典里根本找不到这个意义，这便是词的延伸意义，另外还有内涵意义、风格意义、情感意义、联想意义、搭配意义、主题意义等。

【例 18】That girl student is in the green.

A. 那个女生身着绿装。

B. 那个女生正值青春年少。

C. 那个女生毫无经验。

D. 那个女生涉世不深。

【解析】答案 B. "be in the green" 译为"处于青春期；血气方刚"，去掉其中的冠词"the"，写成"be in green"这样才是"身着绿装"。英语中像这样的词语很多，比如"be in the red(负债)""be in the black(盈利)""be in the pink(身体健康)"等。

2. 英语词汇搭配多

英语中词语与词语的搭配不同，其意义也不同，如果只按词的基本意思去译，往往就会变为望文生义，搞出很多笑话。

【例 19】She is forty, if she is a day.

【译文】她至少 40 岁了。

【例 20】The housewife is not at home to visitors.

【译文】家庭主妇不接待客人。

3. 英语词汇在句中的位置多

根据英语词汇在英语句子中的地位和作用，英语句子的成分可分为主语、谓语、宾语、表语、定语、状语等。其中,定语和状语在句子中的位置多,它们所处的位置不同,句子的意义也就不同了。

(1) 定语的位置。

定语对名词或代词进行修饰、限制或说明,一般由形容词、名词、代词、数词、介词短语、非谓语动词及句子等充当,位置可在所修饰的词之前,也可在所修饰的词之后。如:

【例 21】It's no legend. My father knew the two men involved.

【译文】这可不是瞎说。那两个与本案有关的人我父亲都认识。

【例 22】They are to send a government trade delegation to China.

【译文】他们将派一个政府贸易代表团到中国来。

【例 23】The fundamental way out for agriculture lies in mechanization.

【译文】农业的根本出路在于机械化。

【例 24】She was happiness incarnate.

【译文】她是幸福的化身。

(2) 状语的位置。

状语用于修饰动词、形容词、副词、短语或整个句子等,一般由副词、介词短语、非谓语动词短语或句子充当,位置比较灵活,在句首、句中、句末均可。如:

【例 25】He left today week.

【译文】他上星期的今天离开了。

【例 26】He will leave today week.

【译文】他将在下星期的今天离开。

【例 27】It isn't half hot today.

【译文】今天很热。

【例 28】I shall be only too pleased to come.

【译文】我非常愿意来。

【例 29】I'm nothing of a scholar.

【译文】我不识字。

(三) 英汉句法结构对比

1. 英汉句子结构的互换

(1) 英语简单句可转换成汉语复合句。

【例 30】This attitude has been described as anything from a "merciful loss of memory" to "escapist therapy".

【译文】人们对这种态度议论纷纷，有的说是“好心的遗忘”，有的说是“逃避现实的疗法”。

(2) 英语并列句、复合句可转换成汉语简单句。

【例 31】He doesn't know what life means to him.

【译文】他不知道人生的意义。

【例 32】He was very clean and his mind was open.

【译文】他为人单纯而坦率。

2. 英汉句子顺序的调整

语义表达没有明确的从左向右或从上到下的顺序，但语义在句法上尤其是横向组合关系上有具体的线性体现。语序的实质是根据思维之流来安排句法单位的排列顺序。但无论如何，S-V-O 句子结构是人类语言最优化的结构，最符合人类的认知顺序，使用最为广泛。

(1) 调整时间顺序。

英语叙述其从句可在主句之前，也可在主语之后，而汉语则按事情发生的先后顺序来叙述。

【例 33】Human history began when the inheritance of genetics and behavior which had until then provided the only way of dominating the environment was first broken through by conscious choice.

【译文】遗传和行为的继承一直是支配环境的唯一方式，当这种继承第一次被有意识的选择打破时，人类历史便开始了。

(2) 调整空间顺序。

英汉两种语言一般都遵循由上到下、由左到右、由里到外的顺序排列；但是汉语语序一般由背景到焦点、由参照体到目标体，英语语序一般由焦点到背景、由目标体到参照体。英语大都把最重要的或者较紧急的信息放在最前面；而汉语则相反，最重要的放在最后，遵循“尾心”原则。

【例 34】中华人民共和国广西桂林锦鸡路 1 号。

【译文】Jinji Road No. 1 Guilin Guangxi P. R. China.

【解析】中文描述地理位置一般是从大到小，而英文往往从小到大。

(3) 调整逻辑顺序。

英语因果叙述表示原因的从句可在主句之前，也可在主语之后，而汉语常是“因”在前，“果”在后；条件假设的从句和因果从句差不多，英语常是“结果”在前，“条件假设”在后，而汉语常是“条件假设”在前，“结果”在后；英语表示目的

development of the computers. This development permitted the automation of many repetitive office tasks as well as complicated engineering and scientific calculations.

【译文】战后，这种知识大量地用于研制计算机，计算机的研制成功使很多重复的事务性工作及复杂的工程和科学计算实现了自动化。

【解析】世界上第一台电子计算机是在1946年才问世的，若把这两个"development"都译为"发展"，会使人们认为电子计算机在第二次世界大战以前就已经有了，只是战后在以前的基础上得到了发展，在性能和质量上会更好一些。从发展的时间上说，这显然不符合事实。从翻译上说，"development"都译成"发展"，词义重复。根据发展过程和上下文关系，第一个"development"译为"研制"，第二个译为"研制成功"更加符合译文需要。

课外拓展

CATTI 笔译考试词汇必备

政治类(1)

1. 日益昌盛 become increasingly prosperous

2. 快速发展 develop rapidly

3. 隆重集会 gather ceremoniously

4. 热爱和平 love peace

5. 追求进步 pursue progress

6. 履行权利和义务 perform the responsibilities and obligations

7. 回顾奋斗历程 review the course of struggle

8. 展望伟大征程 look into the great journey

9. 充满信心和力量 be filled with confidence and strength

10. 必胜 be bound to win

11. 主张各国政府采取行动 urge governments of all countries to take action

12. 和平共处 coexist peacefully

13. 对内开放和对外开放 open up both externally and internally

14. 经历两个不同时期 experience two different periods

15. 战胜无数的困难 overcome numerous difficulties

16. 赢得一个又一个胜利 win one victory after another

17. 迈出重要的一步 make an important step

18. 采取各种措施 adopt various measures

19. 得出结论 draw/arrive at/come to reach a conclusion

20. 实现民族独立 realize national independence

21. 追求真理 seek the truth

22. 建立社会主义制度 establish a socialist system

23. 根除(防止、消除)腐败 root out (prevent, eliminate) corruption

24. 响应号召 respond to the call

25. 进入新时期 enter a new period

26. 实行新政策 practice new policies

27. 展现生机和活力 display one's vigor and vitality

28. 增强综合国力和国际竞争力 enhance comprehensive/overall national strength and international competitiveness

29. 进入世界先进行列 edge into the advanced ranks in the world

30. 解决温饱问题 solve the problem of food and clothing

考研翻译真题演练

2005 年考研翻译真题

Read the following passage carefully and then translate the underlined sentences into Chinese.

It is not easy to talk about the role of the mass media in this overwhelmingly significant phase in European history. History and news become confused and one's impressions tend to be a mixture of skepticism and optimism. (1) Television is one of the means by which these feelings are created and conveyed—and perhaps never before has it served so much to connect different peoples and nations as in the recent events in Europe. The Europe that is now forming cannot be anything other than its peoples, their cultures and national identities. With this in mind we can begin to analyze the European television scene. (2) In Europe, as elsewhere, multi-media groups have been increasingly successful: groups which bring together television, radio, newspapers, magazines and publishing houses that work in relation to one another. One Italian example would be the Berlusconi group while abroad Maxwell and Murdoch come to mind.

Clearly, only the biggest and most flexible television companies are going to be able to compete in such a rich and hotly-contested market. (3) This alone demonstrates that the television business is not an easy world to survive in, a fact underlined by statistics that show that out of eighty European television networks, no less than 50% took a loss in 1989.

Moreover, the integration of the European community will oblige television companies to cooperate more closely in terms of both production and distribution.

(4) Creating a "European identity" that respects the different cultures and traditions which go to make up the connecting fabric of the Old Continent is no easy task and demands a strategic choice—that of producing programs in Europe for Europe. This entails reducing our dependence on the North American market, whose programs relate to experiences and cultural traditions which are different from our own.

In order to achieve these objectives, we must concentrate more on co-productions, the exchange of news, documentary services and training. This also involves the agreements between European countries for the creation of a European investments bank which will handle the finances necessary for production costs. (5) In dealing with a challenge on such a scale, it is no exaggeration to say "United we stand, divided we fall"—and if I had to choose a slogan it would be "Unity in our diversity", a unity of objectives that nonetheless respect the varied peculiarities of each country.

自主学习

汉语句子英译之一:主语的选择

1 汉英句子主语的比较

1.1 主谓语法关系不同

英语的主语必须与谓语动词在人称和数上保持一致,即受语法关系的限制,这是屈折语的基本特征。而汉语是非屈折语,没有这种对应关系。例如:He is a student and we are all students. 他是学生,我们都是学生。在这个例子中，英语的主语与谓语在人称和数上要保持一致，而汉语则不必要保持这种关系。

1.2　时间、地点名词作主语的普遍性和用法不同

英汉两种语言的句子中都有用时间和地点名词作主语的现象，但在英语句中谓语动词只局限于 see 和 witness 之类的具有人性化动作的动词。例如：Beijing first saw the rise of the movement. 这个运动首先在北京兴起。

1.3　英汉主谓关系的对比

1.3.1　根据夸克等人的《当代英语语法》的有关论述，英汉主谓关系的相同之处是在总体上可以把主语分为三种类型

(1) 施事主语（包括本能的动作发出者和非本能的动作发出者）。例如：I gave the child an apple. 我给了那个孩子一个苹果。

(2) 受事主语（动作的承受者，指被动句中的主语或含被动意义的主动句的主语）。例如：Is the book selling well? 这本书销路好吗？

(3) 当事主语（施事和受事之外的主语，在英语中指时间主语、地点主语和事件主语，汉语中还包括其他非行为动词为谓语核心的主语以及某些话题主语）。例如：Tomorrow will be a holiday. 明天放假。

1.3.2　英汉主谓关系的不同点

(1) 汉语有主谓谓语句。这种句子有大主语（句首的全句主语）和小主语（主谓短语的主语）。大主语和小主语同谓语动词都发生语义关系。例如：

这篇文章，我看过一遍。（受事，施事）

他一点东西也没有吃。（施事，受事）

张先生，他有两个儿子。（当事，当事）

英语没有主谓谓语句，按传统语法，英语把类似汉语的大主语分别作为宾语、外位语或同位语来处理。因此，英语无大主语与小主语之分，也不存在汉语那样复杂的语义关系。

(2) 英语将由 have、own、possess 等表“拥有”意义的静态动词和含有 know、think、like、prefer 等非活动性“感觉认识”意义的静态动词充当谓语核心的语句的主语看成接受主语。而汉语则把这种主语分别引入当事和施事。例如：

A year has twelve months. 一年有十二个月。（当事）

He heard a knock at the door. 他听见有人敲门。（施事）

2 重新选择主语

由于汉语和英语两种语言存在着较大的差异，有时候，确定汉语句子的主语为英语译文句子主语的时候，常常会导致英语句子的逻辑比较混乱，导致无法很好地表达出汉语原文的意思，这时候，就有必要从原句中挑出其他词来，充当英语译文的主语。

2.1 确定汉语原文的宾语为英语译文的主语

宾语是动作所及的对象，常常是人或者物。在翻译中，我们可以选择汉语原文的宾语来充当英语译文的主语。但是，在这种情况下，一般需要用英语的被动句式来翻译。如：

伟大艺术的美学鉴赏和伟大的科学观念的理解都需要智慧。

Wisdom is required both in appreciating great artistic works and in understanding great scientific concepts.

说明：在这个例子中，我们可以看到，汉语的主语太长，如果直接用汉语原文的主语来充当英语译文的主语，就显得有点头重脚轻。这个时候，我们就可以利用“英语句子多用被动句”的特点，确定汉语原文的宾语“智慧”来充当英语译文的主语。

为了保证国民经济持续、快速、健康地发展，我们必须加快国有企业的改革步伐。

The speed of reform of state-owned enterprises must be accelerated/stepped up to ensure sustained, rapid and sound development of the national economy.

说明：在这个例子中，汉语原文的主语应该是“我们”。但是，这个“我们”属于泛指，不专门针对某一个人或者某几个人。当然，一方面，我们可以采用选取汉语原文的“我们”来充当英语译文的主语，把这个句子的译文安排为“We must accelerate...”这样一个结构。但是，直接选用汉语原文的宾语“国有企业的改革步伐”来充当英语译文的主语，并且不提出这个泛指的主语“我们”，更适合英语的表达方式。

目前在中国正进行着一场意义深远的社会和经济改革。

At present, a sweeping and profound social and economic reform is being carried out in China.

说明：在这个例子中，汉语是一个无主句。显然，我们可以确定汉语的宾语为英语的主语，使用英语的被动结构来翻译，避免了需要去找一个动作发出者来充当主语的情况。

以上例子清楚地说明，选择汉语原文的宾语充当译文主语的情况下，通常是需要用英语的被动结构来翻译的。但是，并不是说所有确定汉语原文宾语为译文主语的情况都一定要用被动结构来翻译。如：

中国的饮食方式正在发生许多变化。

Many changes are taking place in China's diet style.

说明：我们可以看到，上面这个例子中，汉语原文的主语是"中国的饮食方式"，谓语是"发生"，宾语是"许多变化"。一旦确定了宾语"许多变化"为英语译文主语的时候，这个英语译文的逻辑结构就可以直接用主动结构："Many changes are taking place..."。在英语中，"变化"与动词"发生"的搭配是符合逻辑，而不能说"变化被发生"。

2.2　确定汉语原文主语中心词的修饰语来充当英语译文的主语

有时候，汉语主语中心词的修饰语可能是整个句子的突出部分。在翻译的时候，为了正确传达原文中突出的信息，我们就可以把主语中心词前面的修饰语确定为英语译文的主语。如：

中国的饮食文化具有悠久的历史。

China has a long history in her diet culture.

说明：在这个例子中，汉语的主语是"中国的饮食文化"，其主语中心词是"文化"。如果确定"文化"为英语译文的主语，则原来的汉语句子只能生硬地转化为"文化具有历史"这样的英语结构。所以我们可以把主语中心词前面的修饰语"中国"确定为英语译文的主语，这样一来，整个句子的逻辑结构就非常清楚，突出了"中国的饮食文化具有悠久的历史"这个信息。

他的身材魁梧，生一副大长方脸，嘴巴阔大，肌肤呈着紫檀色。

He was a giant of a man with a long square face, a wide mouth and a complexion suffused with the colour of read sandalwood.

说明：在这个例子中，从形式上看，汉语的主语中心词是"身材"，但似乎随后的三个部分的内容"生一副大长方脸，嘴巴阔大，肌肤呈着紫檀色"都是在说明"他"，而不是"他的身材"。因为我们不能说"他的身材生了一副大长方脸"，所以，我们就确定汉语原文主语中心词的修饰语"他"来充当英语译文的主语。

2.3　其他

德国相机的主要特点是工艺精湛，经久耐用。

The German cameras are chiefly characterized by their fine workmanship and durability.（定语作主语）

动量的定义是速度和物体质量的乘积。

Momentum is defined as the product of the velocity and the mass of the body.（定语作主语）

在历史上由于长江不断改道，在武汉地区形成了众多的湖泊。

The constant change of the course of the Changjiang River in history helped form a great many lakes in the areas around Wuhan.（状语作主语）

到去年年底，我部已同有关省市签订了100余艘小型船舶的建造合同和协议。

By the end of last year, contracts and agreements were signed with some provinces and cities for the building of more than 100 small-sized vessels.（宾语作主语）

我给你打国际直拨电话就跟给楼下的李姐打电话差不多，一拨就通。

An international phone call to you is as easy as a call to sister Li downstairs.（状语作主语）

只要稍稍恭维他几句，他就会得意忘形。

A very little complement would set him carried away.（谓语作主语）

游中国当然是必游长城。

A must for all tourists to China is a visit to the Great Wall.（状语动词作主语）

以上各种转换方式的选择，各有其原因。有的是为了译文行文结构上安排的方便，有的是为了强调句子的某一个重要概念，有的是使句子表达更符合英语的习惯。

汉语可以用动词或动词短语作主语，而英语则不可，如果英汉两句的主语可以对应，在翻译时需要变化其形态，或转换其词性。如：

采访这位演员，是在他功成名就得奖之后。

The interview with the actor was conducted after he had achieved a great success and won a prize.

采用新工艺极大地降低了产品的成本。

The adoption of the new process has greatly cut the cost of products.

从以上各例可以看出，选择主语必须放开眼界，除了受原句总体意义框架的制约外，不要受任何限制，不要忽视句中任何一个词语或成分用来作英语句子主语的可能性。

3 汉语无主句的翻译

3.1 祈使句

您的护照！

Your passport please! / Show your passport please.

勿踏草地！

Keep off the grass!

小心轻放！

Handle with care.

宁为鸡头，不做凤尾。

Better be the head of a dog than the tail of a lion.

3.2 无主语的句子可采用被动语态翻译

对于一些表示事物存在、出现的无主句，一些表示要求、规定的无主句，还有一些需要突出宾语部分的句子，可以使用被动结构来翻译。如：

墙上挂了一幅画。

A pictures was hung on the wall.

发电机可以将机械能转变成电能。

The mechanical energy can be changed back into electrical energy by generator.

为什么总把这些麻烦事推给我呢？

Why should all the unpleasant jobs be pushed on to me?

3.3 倒装语序

汉语有的无主句是表示事物的出现、存在或消失的，其结构和英语倒装句极为相似，因此可以采用倒装语序进行翻译。如：

地下埋藏着大量的金、银、铜、铅和锌。

Hidden underground is a wealth of gold, silver, copper, lead and zinc.

随着一声吼叫，呼地从树林里窜出一头狮子来。

Following the roar, out rushed a lion from among the bushes.

寺庙里住着一个虔诚的老和尚。

In the temple lived an old devout monk.

3.4 there be 句型

表示存在或带有哲理性的无主句可以使用 there be 句型。如：

剩下的水不多了。

There is very little water left.

萝卜青菜，各有所爱。

There is no accounting for taste.

无水则无鱼。

Without water there would be no fish.

3.5 it 形式主语

能不能提前完成这个项目呢？

Is it possible to complete the project ahead of time?

活到老，学到老。

It is never too old to learn.

3.6 增加代词或名词作主语

在翻译时可根据上下文增加逻辑主语，逻辑主语的添加有两种方法：一是根据原文增添泛指代词作主语；二是找出原文深层结构中的主语，重排语序。在翻译时可灵活地补充代词和名词。如：

知己知彼，百战不殆。

If you know your enemy and yourself, you can fight a hundred battles without peril.

天正下着倾盆大雨。

It is raining cats and dogs.

不入虎穴，焉得虎子。

If one does not enter the tiger's den, how can he get a tiger's cub.

第二单元　句式转换译法

☞ 学习目的与要求

通过本单元的学习，学生应掌握英语定语从句的翻译方法，学会如何用前置译法、后置译法、转换译法、融合译法翻译定语从句；掌握对英语状语从句的翻译，灵活掌握英语状语从句翻译成汉语后其成分的位置，以及如何将英语状语从句转化成汉语句子中的其他成分；帮助学生掌握：① 英语名词性从句的翻译方法，特别是同位语从句的四种翻译方法，② 汉语复句的翻译方法。

☞ 学习重点与难点

1. 英语定语从句的翻译方法：① 前置译法；② 后置译法；③ 转换译法；④ 融合译法

2. 兼有状语功能的定语从句的翻译方法

3. 英语状语从句的翻译技巧和汉语复句翻译的关键

4. 英语状语从句在汉语句子中的前后位置以及成分的转换

5. 英语名词性从句的一般翻译方法：① 译成并列分句；② 译成定语从句；③ 译成其他形式的句子

6. 英语同位语从句的四种翻译方法：① 保持原文语序；② 译为类似定语的语序结构；③ 加入冒号、破折号和“这样”“这一”“即”等字眼；④ 用汉语的无主句或其他形式

☞ 学习要点

一、英语定语从句的翻译

（一）前置译法

1. 两种定语从句有时都可汉译为前置定语

在定语从句的句式较短的情况下，限定性定语从句和非限定性定语从句有时都可汉译为前置定语。但译成前置定语后既不能影响原文所表达的意思，还要使整个句子的表达显得言简意赅、连贯。

【例 1】The people *who worked for him* lived in mortal fear of him.

【译文】在他手下工作的人对他怕得要死。（mortal：extreme）

【例 2】The sun，*which had hidden all day*，now came out in all its splendor.

【译文】整天躲在云层里的太阳，现在又光芒四射地露面了。

2. 省译定语从句中的谓语

如果定语从句中的谓语不含有具体的意义，可省译从句中的谓语。这种译法很简便，也很有效。

【例 3】The purpose for *which electricity is used* is numerous.

【译文】电的用途是很多的。

【例 4】He is the man *which he was*.

【译文】他还是过去那个老样子。

3. 译出定语从句中的谓语

如果定语从句中的谓语含有具体的动作意义，这个谓语不可省译。可把定语从句汉译成"……的"词组置于所修饰的词前，仍作定语。

【例 5】They saw the first glimmerings of the "new economic order" *for which many Third World countries have long been clamoring*.

【译文】他们看到了许多第三世界国家长期呼吁的"新经济秩序"的曙光。

4. 先译定语从句，但不作先行词的定语

出于汉语行文的需要和逻辑关系方面的考虑，可将定语从句提在主语之前翻译，用来说明情况，但不作其先行词的定语。

【例 6】There are also great advantages *that come from the variety of culture brought by settlers from other lands*.

【译文】移民从各地带来了多种文化，产生了极大的好处。

（二）后置译法

1. 限定性定语从句有时可译为后置的并列句

限定性定语从句，如果结构较为复杂，句子太长，无法译成前置的定语从句，最好译成一个后置的并列分句，这样更符合汉语的习惯。

【例 7】Our war against terror is a contest of will *in which perseverance is power*.

【译文】我们的反恐战争是意志的较量；在这场较量中，不屈不挠的努力就是力量。

2. 非限定性定语从句在意义上等于并列句

使用后置译法在翻译非限定性定语从句时比较普遍。非限定性定语从句在意义上等于并列句。当定语从句对主句没有限制意义时，关系代词可以用"and＋代词"的结构来代替，关系副词可以用"and＋副词"来代替。可把这种定语从句汉译成一个后置的并列分句。

【例 8】He said that he had never seen her before, *which was not true*.（＝and it）

【译文】他说他以前未见过她，这不是事实。（"which"指前面 that 从句的意义）

3. 重复翻译先行词

结构较复杂的定语从句常汉译成后置的并列分句，在多数情况下要重译先行词，或用代词指代先行词；即便句子不长，出于某种原因需要强调先行词，也需重译先行词。

【例 9】He accepted the offer, *which was a job after his own heart*.

【译文】他接受了这项工作，该工作很符合他的心意。

4. 不重复翻译先行词

在主题明确、不影响理解的情况下，也可不重复翻译先行词，译文仍然符合汉语习惯，如例 1、例 2。但在有些情况下，必须省略先行词，以免产生歧义，如例 3。

【例 10】He managed to raise a crop of 200 miracle tomatoes *that weighed up to two pounds each*.

【译文】他种出了 200 个大得惊人的西红柿，每个重达两磅。

总结：无论是限定性定语从句还是非限定性定语从句，都有可能被译成汉语中前置的定语或后置的并列句，这主要取决于这个定语从句所表达的意思对先行词起的作用大小、强调的程度强弱；还要考虑到如果将它译为汉语定语是否能准确地表达原文的意思、符合汉语习惯。

（三）转换译法（状语译法）

英语中有些定语从句，尤其是非限定性定语从句，从语法结构上讲是定语，起定语的作用；从意义上说又相当于一个状语从句，所以常称为状语化的定语从句，说明时间、原因、条件、结果、目的、让步、假设等关系。在这种情况下，定语从句常转译成汉语的各种相应的偏正复句，而这类定语从句表示原因的最多。转换法比较难掌握、难运用，但这种定语从句译成汉语的状语，更能体现句子内含的语义，符合上下文的逻辑。

将英语定语从句译作状语，是因为汉语自身表达不清楚，需要另找出路。

汉语中定语成分含混不清的情况并不少见。如：热爱人民的总理。可以理解为：热爱/人民的总理，热爱人民的/总理。而英语一般不会有这类动宾结构上的混淆，如果有什么歧义，问题往往出在修饰成分上。如：He hit the man with a stick. 是“他用棍子打那人”，还是“他打了拿棍子的那个人”？这取决于上下文语境。

1. 译为原因状语从句

当定语从句用来表示主句中某一动作或状态的原因时，其含义相当于由连词 because、as 等引导的时间状语从句，翻译时可加上连词“由于”“因为”等。

【例 11】Copper, *which is used so widely for carrying electricity*, offers very little resistance.

【译文】铜的电阻很小，所以被广泛地用来传输电力。

如果将此句译作“广泛地用来传输电力的铜的电阻很小”，因果关系不明，会使人产生“其他的铜电阻大”的误解。

2. 译为时间状语从句

当定语从句和主句所表示的动作几乎同时发生时，其含义相当于由连词 when、while、as 等引导的时间状语从句，翻译时加上连词“当……时候”。

【例 12】The thief, *who was about to escape*, was caught by the policemen. (=when he...)(时间状语)

【译文】小偷正要逃跑时，被警察抓住了。

3. 译为条件状语从句

当从句所表示的是主句中某一动作或状态是在某一条件下产生的时，其功能相当于由连词 if 引导的条件状语从句，用来修饰主句中的谓语动词。翻译时加上“如果”“只要”“凡是”等连词，句子意思前后连贯，语气通顺。

【例 13】Unfortunately, in all these dreams I am deprived of the analysis *without which* I cannot find the meaning of the dream. (＝if I...)(表假设，条件状语)

【译文】然而，很不幸，这些梦我都无法分析，可如果不分析又不能发现梦的意义。

4. 译为目的状语从句

当从句所表示的是主句中某一动作或状态所发生的目的或动机时，其含义相当于由连词 so that、in order that 等引导的目的状语从句，修饰主句的谓语动词。在翻译时，可根据汉语的表达习惯，译为目的状语。

【例 14】He wishes to write an article, *which* will attract public attention to the air pollution in this city. (＝in order that it...)(目的状语)

【译文】他想写一篇文章，用来引起公众对这座城市空气污染的关注。

5. 译为结果状语从句

当从句所表示的是主句中某一动作或状态所产生的结果时，其意义相当于 so that 引导的结果状语从句，修饰主句的谓语动词。在翻译时，可根据其意义及汉语的表达习惯，加上适当的连词。

【例 15】He tries to seek happiness in selfish enjoyment, *where* it can never be found. (＝ so that...)(结果状语)

【译文】他想在自私的享受中寻找幸福，那是永远不可能找到的。

6. 译为让步状语从句

当从句所表示的是主句中某一动作或状态与从句中的某一动作或状态在逻辑上有一定矛盾，但并不影响主句的事实或语气的突发转折时，其含义相当于 though/although 引导的让步状语从句，汉译时可适当加上连词“但是”“然而”“却”等，这样译文显得流畅，语气也连贯。

【例 16】He, *who* had walked so arrogantly across Europe's stage for two decades, was at the end of his rope. (＝although he...)(让步状语)

【译文】虽然他曾经在欧洲舞台上不可一世地活动了 20 年，但最终还是到了山穷水尽的地步。

有时候，根据汉语不同语体表达的需要，同一个英语定语从句可以有多种翻译方法。如：

【例 17】He liked his sister, who was warm and pleasant, but he did not like his brother, who was aloof and arrogant.

【译文 1】他喜欢热情洋溢的妹妹，而不喜欢冷漠高傲的哥哥。（书面语，用前置译法）

【译文 2】他喜欢妹妹，因为妹妹热情洋溢；他不喜欢哥哥，因为哥哥冷漠高傲。（口语体，用状译法）

总结：定语从句在很多时候不是译成汉语的定语结构“……的”，而是要拆句翻译，或者译成状语。在拆句翻译成定语从句时，往往都是要将关系词所指的名词重复翻译一遍。

（四）融合译法

融合译法就是将主句和定语从句融为一体，合译成一个句子的翻译方法。也就是打破原文的定语结构，译者根据自己对原文的正确理解，用自己的话译出原文的意思。这种方法常用于英汉表达差异较大，或按定语结构翻译容易造成误解的情况。

1. “There be...”结构带定语从句

【例 18】There is a man downstairs who wants to see you.

【译文】楼下有人要见你。/楼下有人找你。

【例 19】There is in Pisa a high leaning tower which is suitable for the experiment.

【译文】在比萨有一个很高的斜塔适合做这种试验。

2. 强调句

在“It is＋被强调部分＋which...”的强调句型中，如果所强调的部分是主语或者宾语，那么“which”所引导的从句可以看作是一种特殊的定语从句，像这种从句在汉译时可增加“这是……”“就是……”或“是……”，这样方可获得正确译文。

【例 20】*It is* a question *that* needs careful consideration.

【译文】<u>这是</u>一个需要仔细考虑的问题。

3. 如果定语从句是语意重点，可用融合译法将从句与主句融为一体

当英语复句中主句结构简单，重心在定语从句上时，可将主句压缩成一个简单的主语，将定语从句译作谓语。

【例 21】“We are a nation that must beg to stay alive”, said a foreign economist.

【译文】一位外国经济学家说道："我们这个国家不讨饭就活不下去。"（将主句 We are a nation 压缩成"我们这个国家"）

二、英语状语从句的翻译

（一）译成状语

英语的状语从句译成汉语一般还是状语从句，但有些状语从句的真正含义与其表面形式并不一致，不能单从连接副词的词义来生搬硬套，需要灵活处理，根据原句的逻辑关系、实际含义和具体情况来判断翻译。以 when 引导的状语从句翻译为例，以下各例中，when 都不宜译作"当""当……的时候"。

【例 22】He usually walks *when* he might ride.

【译文】虽然有车可乘，他通常总是步行。（表让步）

【例 23】They had only three transistors *when* they needed five.

【译文】他们需要 5 只晶体管，可是只有 3 只。（表转折）

【例 24】How could you do it *when* you knew that this might damage the apparatus?

【译文】既然你知道这样会损坏仪器，怎么还这样干？（表原因）

【例 25】Turn off the switch *when* anything goes wrong with the machine.

【译文】万一机器发生什么故障，就把电门关上。（表条件）

【例 26】*When* that man says "To tell the truth", I suspect that he's about to tell a lie.

【译文】每当那人开口一句"老实说"，我就怀疑他要撒谎。（表频率）

【例 27】*When* I am opposed to such actions on general principles, how can I make this case an exception?

【译文】我明明在总的原则上反对这类行为，又怎能对此事例外呢？（表强调）

【例 28】Insurance companies are obliged to recover the cost of everything insured *when* it is lost or damaged during the valid period of insurance.

【译文】投了保的任何物品，如果在保险期内丢失或损坏，保险公司要负责赔偿。（表条件）

【例 29】*When* there is really planned and proportionate development, our national economy will achieve sustained, stable and high-speed growth.

【译文】我国的国民经济只要真正做到有计划、按比例的发展，就能够实现

持续、稳定、高速的增长。(表条件)

【例 30】How can I convince him *when* he won't listen?

【译文】他连听都听不进去,我又怎么能说服他呢?(表让步:连……都)

【例 31】Why are you here *when* you should be in school?

【译文】你本该在学校里的,却为何在这里?(表让步:本该)

【例 32】*When* one is older, one is also more experienced.

【译文】一个人的经验随年龄的增长而增长。(表伴随)

(二)译成并列结构

【例 33】They set him free *when* his ransom had not yet been paid.

【译文】他还没有交赎金,他们就把他释放了。(译成并列结构)

【例 34】He was about to give up the question, *when* suddenly he found the answer.

【译文】他刚要放弃回答这个问题,忽然又找到了答案。(译成并列结构)

【例 35】We'll go to the countryside at the beginning of June, *when* the summer harvest will start.

【译文】我们 6 月初要下乡去,那时夏收就要开始了。

(三)译成定语

【例 36】He buried her *where she could see the mountains*.

【译文】他将她埋葬在她能看到群山的地方。

【例 37】A tariff may be defined as a tax which is put on a commodity *when it crosses a national boundary*.

【译文】所谓关税,可以这样来定义,即对过境商品征收的税项。

三、英语名词性从句的翻译

英语名词性从句可分为主语从句、宾语从句、表语从句、同位语从句四大类。这些从句或是在句子中作主语,或是作宾语、表语、同位语,在句子中的作用相当于名词,因此我们习惯上将它们叫作名词性从句。英语中的名词性从句较为常见,翻译时相对比较容易,一般按原句的语序处理即可,但有时得视其上下文作灵活处理。

(一)主语从句的翻译

(1) 翻译由代词 what、whatever、whoever 等引起的主语从句,一般可以按照英语原文顺序来翻译,保持原文的主谓结构顺序。

【例 38】*What he told me* was only half-truth.

【译文】他告诉我的只是些半真半假的东西而已。

【例 39】*Whatever is worth doing* should be done well.

【译文】任何值得做的事情都应该做好。

(2) it 作为形式主语。

① 翻译以 it 为形式主语的从句时，语序往往需要颠倒，先翻出 it 所指代的内容。为了强调起见，it 一般可以译出来；如果不需要强调，it 也可以不译出来。

【例 40】It doesn't make much difference *whether he attends the meeting or not*.

【译文】他参加不参加会议没有多大关系。(先翻出 it 所指代的内容，it 没有翻译)

【例 41】*It seemed inconceivable* that the pilot could have survived the crash.

【译文】驾驶员在飞机坠毁之后，竟然还能活着，这看来是不可想象的。(先翻出 it 所指代的内容，it 翻译为"这")

② 根据表达的需要，有时可以先翻译由形式主语构成的主谓结构，尤其是在系表结构的情况下，it 一般不需要译出来，一般可以用"……的是，……"这样的结构来翻译。有时主语从句可以转换为状语从句。

【例 42】*It is strange that* she should have failed to see her own shortcomings.

【译文】真奇怪/奇怪的是，她竟然没有看出自己的缺点。(先翻译由形式主语构成的主谓结构，it 不用翻译)

【例 43】*It is rumored that* the meeting will be held in June.

【译文】据传闻，这次会议将在六月举行。

【例 44】*It worried her much that* her daughter should stay up so late.

【译文】她很着急，因为她女儿很晚都不睡觉。(主语从句转换为状语从句)

(二) 宾语从句/表语从句的翻译

宾语从句(置于实义动词后)和表语从句(置于 be 动词后)通常串联时翻译比较简单，由主句向从句进行自然过渡。

(1) 翻译宾语从句/表语从句一般可保持原文的结构顺序，有时可在主句谓语动词后加"说"字，个别情况下也可将宾语从句提前(如介词后的宾语从句)。

【例 45】He would remind people again *that it was decided not only by himself but by lots of others*.

【译文】他再三提醒大家说，决定这件事的不只是他一个人，还有其他许多人。（保持原文的结构顺序）

【例 46】The question remains *whether we can win the majority of the people*.

【译文】问题是我们能否赢得大多数人民群众的支持。（保持原文的结构顺序）

【例 47】Things are not always *as they seem to be*.

【译文】事物并不总是如其表象。（保持原文的结构顺序）

（2）用 it 作形式宾语的句子，在翻译的时候，与翻译主语从句一样，语序往往颠倒；it 有时候可以不用翻译。

【例 48】I heard it said *that he had gone abroad*.

【译文】听说他已经出国了。（it 没有翻译）

【例 49】I regard it as an honor *that I am chosen to attend the meeting*.

【译文】我被选参加会议，感到十分荣幸。（it 没有翻译，宾语从句提前翻）

【例 50】We consider it absolutely necessary *that we should open our door to the outside world*.

【译文】打开国门，实行开放，我们认为这是绝对必要的。（it 翻译为"这"，宾语从句提前翻）

（三）英语同位语从句的翻译

能接同位语从句的名词主要有：belief（相信），fact（事实），hope（希望），idea（想法，观点），doubt（怀疑），news（新闻，消息），rumor（传闻），conclusion（结论），evidence（证据），suggestion（建议），problem（问题），order（命令），answer（回答），decision（决定），discovery（发现），explanation（解释），information（消息），knowledge（知识），law（法律），opinion（意见，观点），truth（真理，事实），promise（承诺），report（报告），thought（思想），statement（声明），rule（规定），possibility（可能）。

同位语从句的翻译可用四种方法来处理：

与定语从句的翻译非常近似，可以将同位语从句放在名词前，相当于前置的修饰语，但不必使用定语的标志"的"字；也可以保持原句的语序，将同位语从句译为后置的并列句，加入冒号、破折号或"这样""这……""那就是""即"等字眼；也可以改变原句的同位语结构，采用汉语的无主句或其他方式的译法。

1. 保持原文的语序

这种方法类似宾语从句的翻译，将同位语从句放到宾语后面。

【例 51】He expressed the hope *that he would come over to visit China again*.

【译文】他表示希望能再来中国访问。（同位语从句译成宾语从句）

【例 52】There is a possibility *that he is a spy*.

【译文】有可能他是一个间谍。

2. 用翻译定语从句的方法来翻译或独成一句

前一种方法类似于翻译定语从句，将同位语从句放在所修饰的名词前面，相当于前置的修饰语，但不一定使用定语的标志词“的”。这种情况下，同位语从句都是比较简单的。

后一种方法类似于译成独立句子，同位语从句可前可后。

【例 53】We know *the fact that bodies possess weight*.

【译文】我们都知道物体具有重量这一事实。（类似定语结构）

【例 54】The *rumor that he was arrested* was unfounded.

【译文】关于他被捕的传闻是没有根据的。（定语结构）

【例 55】They were very suspicious of the assumption *that he would rather kill himself than surrender*.

【译文】对于他宁愿自杀也不投降这种假设，他们是很怀疑的。（类似定语结构）

3. 加入标点符号或一些必要的字眼

翻译同位语从句最常用的方法是加入冒号、破折号，对具体的先行词起到提示、解释或说明作用。

此外，像“这样”“这一”“即”等字眼也常用于翻译同位语从句或短语，可将主从句进行串联，直接分开主句和同位语从句。

【例 56】Not long ago, the scientists made an exciting discovery that—*this waste material could be turned into plastics*.

【译文】不久前，科学家们有了令人振奋的发现：可以把这种废物变成塑料。

【例 57】But this does not in any way alter the fact *that they are now, from a practical point of view, irrational*.

【译文】但这却丝毫改变不了这样一个事实，即从实用的观点来看，他们今天仍是不合理的。

【例 58】And there was the possibility *that a small electrical spark might accidentally bypass the most carefully planned circuit.*

【译文】而且总有这种可能性——一个小小的电火花，可能会意外地绕过了最为精心设计的线路。

4. 转变成汉语的无主句或其他形式

这种方法是改变原文的同位语结构，用汉语的无主句或其他形式译出英语的同位语从句。

【例 59】*An order has been given that* the researchers who are now in the skylab should be sent back.

【译文】已下命令将现在在航天实验室里的研究人员送回来。

【例 60】Even the most precisely conducted experiments offer *no hope that* the result can be obtained without any error.

【译文】即使是最精确的实验，也没有希望获得无任何误差的实验结果。

【例 61】*Arguing from the view that* humans are different from animals in every relevant respect, extremists of this kind think that animals lie outside the area of moral choice.（同位语从句）

【译文】这类人持极端看法，认为人与动物在各相关方面都不同，对待动物无须考虑道德问题。

四、汉语复句的翻译

汉语不存在类似英语的名词性从句。汉语的复句主要分为联合复句和偏正复句两类。在翻译汉语复句时，关键在于抓住句子的重心，将主要信息译作英语的主句，其余部分视情况可分别用分词、动名词、不定式、介词短语等来翻译。例如：

【例 62】他站在窗口向外看。

【分析】首先分清主要信息是“站”还是“看”。根据不同语境，此句可分别译作：

【译文 1】He stood at the window, looking outside.

【译文 2】Standing at the window he looked outside.

【译文 3】He stood at the window and looked outside.

（一）合并零散短句

与英语相比，汉语句子较为简短、零散，词序也较为固定，翻译时应注意句子合并、语序的调整。

【例 63】门口放着一堆雨伞,少说也有十二把,五颜六色,大小不一。

【译文 1】A pile of umbrellas are placed in the doorway. They are at least twelve. They are in all the colors of rainbow and in different sizes.(太零碎,不符合英语表达习惯)

【译文 2】At least twelve umbrellas of all sizes and colors lay in the doorway.(头重脚轻)

【译文 3】In the doorway lay at least twelve umbrellas of all sizes and colors.

（二）句子的结构顺序

句子的结构顺序也是汉语复句翻译中一个需要考虑的因素。同样一个句子,由于结构顺序的不同会有不同的意思侧重。

【例 64】只要一发现有可能反对他的人,他就本能地要用他的魅力和风趣将这个人争取过来。

【译文 1】When he catches a glimpse of a potential antagonist, his instinct is to win him over with charm and humor.(突出汉语状语“本能地”)

【译文 2】As soon as he finds any possible opponent, he is, by instinct, to have as an inclination for winning him over with charm and humor.(突出汉语主语“他”)

【译文 3】The sight of any potential antagonist arouses his innate impulse for winning him over with charm and humor.(突出汉语时间状语“一发现”)

课外拓展

CATTI 笔译考试词汇必备

政治类(2)

1. 吸收各国文明的先进成果 absorb what is advanced in other civilizations
2. 与日俱增 increase every day
3. 实现夙愿 fulfill the long-cherished wishes
4. 必将实现 be bound to come true
5. 锻造一支人民军队 forge a people's army
6. 建立巩固的国防 build a strong national defense
7. 进行和谈 hold peace talks

8. 修改法律 amend the laws

9. 在……中起(至关)重要作用 play a major (crucial, an important) role in

10. 对……作出重要(巨大)贡献 make important (great, major) contributions to

11. 遵循规则 follow the principles

12. 把理论和实际结合起来 integrate theory with practice

13. 把……作为指导 take... as the guide

14. 缓和紧张状况 ease the tension

15. 高举伟大旗帜 hold high the great banner

16. 解决新问题 resolve new problems

17. 观察当今世界 observe the present-day world

18. 开拓前进 open up new ways forward

19. 增强凝聚力 enhance the rally power

20. 结束暴力，开始和平谈判 end the violence and resume peace talks

21. 进行战略性调整 make strategic readjustment

22. 开始生效 go into effect/enter into force

23. 就……接受妥协 accept a compromise on

24. 接受……的采访 be interviewed by

25. 把……看成社会公敌 look upon... as a threat to society

26. 把……捐给慈善机构 donate... to charities

27. 维护世界和平 maintain world peace

28. 摆脱贫穷落后 get rid of poverty and backwardness

29. 实现发展繁荣 bring about development and prosperity

30. 反对各种形式的恐怖主义 be opposed to all forms of terrorism

31. 宣布……召开 announce the opening of

32. 对……具有深远的影响 have a far-reaching impact on

33. 面对……明显的缺陷 face up to the obvious defects of

34. 保护妇女权利不受侵犯 guarantee/protect women's rights against infringement

考研翻译真题演练

2007 年考研翻译真题

Read the following text carefully and then translate the underlined segments into Chinese.

The study of law has been recognized for centuries as a basic intellectual discipline in European universities. However, only in recent years has it become a feature of undergraduate programs in Canadian universities. (1) Traditionally, legal learning has been viewed in such institutions as the special preserve of lawyers, rather than a necessary part of the intellectual equipment of an educated person. Happily, the older and more continental view of legal education is establishing itself in a number of Canadian universities and some have even begun to offer undergraduate degrees in law.

If the study of law is beginning to establish itself as part and parcel of a general education, its aims and methods should appeal directly to journalism educators. Law is a discipline which encourages responsible judgment. On the one hand, it provides opportunities to analyze such ideas as justice, democracy and freedom. (2) On the other, it links these concepts to everyday realities in a manner which is parallel to the links journalists forge on a daily basis as they cover and comment on the news. For example, notions of evidence and fact, of basic rights and public interest are at work in the process of journalistic judgment and production just as in courts of law. Sharpening judgment by absorbing and reflecting on law is a desirable component of a journalist's intellectual preparation for his or her career.

(3) But the idea that the journalist must understand the law more profoundly than an ordinary citizen rests on an understanding of the established conventions and special responsibilities of the news media. Politics or, more broadly, the functioning of the state, is a major subject for journalists. The better informed they are about the way the state works, the better their reporting will be. (4) In fact, it is difficult to see how journalists who do not have a clear grasp of the basic features of the Canadian Constitution can do a competent job on political stories.

Furthermore, the legal system and the events which occur within it are primary subjects for journalists. While the quality of legal journalism varies greatly, there is an undue reliance amongst many journalists on interpretations supplied to them by lawyers. (5) While comment and reaction from lawyers may enhance stories, it is preferable for journalists to rely on their own notions of significance and make their own judgments. These can only come from a well-grounded understanding of the legal system.

自主学习

汉语句子英译之二:谓语的选择

1　汉英句子谓语的比较

1.1　分析型语言 vs 综合型语言(表 2-1)

表 2-1　汉语与英语的比较

汉语属分析型语言	英语属综合型语言
无词尾屈折变化(inflection):词没有阳性和阴性的变化,没有表阳性和阴性的词缀	有丰富的屈折变化形式
汉语的谓语独立性很强,不受主语的支配,它有完整的意义,可以独立成句。在进行句子结构分析时,人们常常先找主语、谓语、宾语,它们是句子的骨架。但由于汉语主语的句法功能很弱,构成也复杂多变,所以在分析句子语法成分时,先找出句子的谓语,因为谓语是汉语句子的核心,确定了谓语就抓住了句子的中心	英语句子的谓语很稳定,受语法规范约束,需与主语保持一致关系。

1.2　谓语成分的复杂性 vs 单一性

汉语谓语的成分比较复杂,充当谓语的词有名词、动词短语、形容词短语、主谓短语。动词短语变化多样,诸如动宾结构、双宾语结构、连动短语、兼语短语等。

英语句子谓语比较简单,只能由动词或动词短语来充当。如果用系动词作谓语,需要名词、形容词、副词、介词短语等作补足语或表语。

英语同一主语下的并列谓语一般不超过三个,多数句子只有一个谓语动词,其他动作概念以非谓语动词、介词短语、名词短语或从句的形式出现。汉语原文若是形容词、名词、数量词或介词短语作谓语,英语译文中常常采用系表结构。

(1) Her fiancé is already 60 years old.

她的未婚夫都60了。

(2) Fast food is not wholesome, after all.

快餐食品并不健康!

(3) Samsung Brand cell phones look beautiful.

三星的手机外观很漂亮。

(4) He wants to eat at the Macdonald's.

我想吃麦当劳。

(5) History is made by the people.

历史是人民创造的。

1.3　谓语的多主动式 vs. 多被动式

汉语多主动形式,无形式标志的被动句,形式主动,意义被动。汉语原文若为有/无形式标志的被动式,译文宜用被动式作谓语;若不知汉语原文谓语动作的发出者是谁,或者原文的主语为"人们""大家"等,或者句中含有"据传""据悉"等字眼,英语译文的谓语常用以"it"为形式主语的被动句式。

(1) The problem has been solved.

问题解决了。

(2) It is generally considered not advisable to act that way.

大家都觉得这样做不妥。

(3) It is well known that the compass was invented in China four thousand years ago.

众所周知,中国人在四千年前就发明了指南针。

(4) You are supposed to pay right after the books are delivered.

书到后应立即付款。

(5) You are requested to give us a performance.

请您为大家表演一个节目。

(6) Their friendship was turned into enmity through idle gossip.

流言蜚语使他们之间的友谊变成了怨仇。

2　单个谓语的翻译

如果汉语原文的主谓语不符合英语主谓搭配逻辑,则需要改变主语或谓语。

(1) 这件事告诉我们,他为人不诚实。

This incident showed that he was dishonest.

根据主语,这里的"告诉"用 show 比较合适。

(2) 农村改革中的好多东西,都是基层创造出来的。

Many of the good ideas in rural reform came from people at the grassroots.

从逻辑上分析,原文主语实际上是创造对象,创造的主体是"人",因此译文变更了谓语动词,使主语和谓语构成符合逻辑的搭配,并增补 people 一词。当然,此句也能译成被动句:

Many of good ideas in rural reform are created by people at the grassroots.

(3) 世纪之交,中国外交空前活跃。

China's diplomacy is most active at the turn of the century. (*)

The turn of the century finds China most active on the diplomatic arena.

分析:前种译法不符合英文主谓搭配。后种译法以"时间"为主语,以"find"为谓语,是比较典型的"无灵主语句"。

3 连动式谓语的翻译

汉语中的连动式谓语具有以下特点:句子中一个主语对应两个或以上的动词,谓语之间不用关联词连接;意义上都与统一主语形成主谓关系;谓语之间也相互存在着一定的关系,如并列、伴随、因果、目的,以及其他的关系。

3.1 连动式谓语的主要类型

连贯,and,带 to 不定式,-ing 分词结构;

并列,-ing 分词结构,with 介词结构;

目的,带 to 不定式,with 和另外的介词短语;

条件,条件状语从句,时间状语从句,介词短语,分词。

(1) 连贯和并列关系,伴随关系。

他走了几步,回过头看见我,说:"进去吧,里边没人。"

After a few steps, he looked back at me and said,"Go back to your seat. Don't leave your things alone."

(2) 方式或手段、因果、目的等关系的连动式。

今天上午,他们乘飞机离开上海。

This morning, they left Shanghai by plane.

(3) 译成从句的连动式。

这个小孩打电脑游戏打输了总爱发脾气。

The kid is likely to lose his temper when he is defeated in playing computer games.

3.2　连动式谓语的翻译方法

译文选择一个主要动词作谓语，其他动词用其他形式。

(1) 市政府采取各种措施招商。

The city government takes many measure to invite investment.

(2) 招商代表团吸引了许多东南亚客商来新加坡洽谈项目。

The delegation of inviting investment has attracted many businessmen from Southeast Asia to Singapore to hold talks on different projects.

3.3　连动式谓语的种类

连动式谓语句有以下三种：

(1) 并列式，翻译时有两种方法：一是加连词 and, or 等；二是选一个动词作谓语，其他的处理为非谓语动词。

(2) 从属式，翻译时有两种做法：一是翻成从句形式；二是处理成非谓语动词形式。

(3) 链接式，翻译时，选一到两个动词作谓语，其余处理为非谓语动词、从句、介词短语或副词结构等。

他每天都是会客赴宴。

He receives visitors and attends dinner party as a routine.

他们设法吸引大家，留住他们，使他们充分发挥才能。

They seek to attract, retain and develop other people to their full abilities.

我披上衣衫，带上门，悄悄离开了。

Putting on my shirt, I left the room quietly, leaving the door closed.

总裁一读报告，就铁青着脸，带着我急匆匆地朝工厂赶去。

On seeing the report, the president became livid with rage and hurried to the workshop accompanied by me.

第三单元　语态转换译法

☞ 学习目的与要求

通过本单元的学习，学生应掌握如何运用顺译法、倒译法、分译法有效地解决英译汉中的语态转换问题；并能较好地处理汉译英中的语态转换问题。

☞ 学习重点与难点

1. 英译汉中的语态转换
2. 汉译英中的语态转换

☞ 学习要点

一、英译汉中的语态转换

（一）顺译法

既保留原文的主语，又要使译文主要成分的顺序和原文大体一致的翻译方法就叫顺译法。

1. 顺译成被动句

(1) 译成“被”字句。

所谓“被”字句，就是在汉语的动词前面加上一个“被”字来表示被动的句子。这一句式主要表示这个动作不利于受事者或这个情况有点特殊，或者出乎意料，加上“被”字以引起读者的注意并表示“被”这一动作的接受者（受事者）是不乐意或不情愿接受的。

【例 1】Vitamin C *is destroyed* when it is overheated.

【译文】维生素 C 受热过度就会被破坏。

(2) 译成"挨"字句。

"挨"仅用于翻译该动作对动作接受者(受事者)而言是不利或不好的句子。

【例 2】The boy *was criticized* yesterday.

【译文】这孩子昨天挨了一顿批评。

(3) 译成"给"字句。

"给"也是用于翻译该动作对动作接受者(受事者)而言是不愉快或不愿接受的句子。

【例 3】Our clothes *were soaked* with sweat.

【译文】我们的衣服给汗水湿透了。

(4) 译成"叫、让、由、受、遭到、受到、予、予以、加、加以、引以、为……所、经……所"等字句,用以加强说话、表达语气。

【例 4】You *have been wetted* in the rain.

【译文】你叫雨淋湿了。

【例 5】The γ-rays *are not affected* by an electric field.

【译文】γ 射线不受电场影响。

【例 6】A lot of houses and buildings, roads and bridges *were damaged* in the seaquake.

【译文】许多房屋建筑、道路桥梁在这次海啸中遭到破坏。

2. 顺译成主动句

(1) 顺译成形式是主动、意义上是被动的句子。

把英语句子顺译成主动句,其形式是主动的,但从意义和逻辑关系上看还是被动句。

【例 7】Love can not *be forced*.

【译文】爱情不能强求。

【例 8】Love and cough cannot *be hidden*.

【译文】爱情如咳嗽,无法来隐藏。

(2) 改变原文的谓语动词,顺译成主动句。

有时把英语的被动句直接译成汉语的被动句,会不符合汉语的语言习惯,所以常可将英语的被动句顺译成汉语的主动句,原文的谓语动词是被动形式,可转变谓语,顺译成汉语的主动形式。

【例 9】The teacher *was satisfied* with the answer.

【译文】老师对回答感到满意。

【例 10】I *am told* you are careless.

【译文】听说你很粗心大意。

(3) 顺译成“是……的”结构。

英语句子要着重表示的不是受事者承受了某个行为这样一个事实本身，而是与这个行为有关的一些具体情况，如时间、地点、方式、方法等。也就是说，句子里强调的是行为的静态而不是动态的含义。这样就可以顺译成汉语的“是……的”的句式。其框架为“受事者＋是＋动词＋的”。

【例 11】That ridiculous idea *was put forward* by his brother.

【译文】这个怪念头是他哥哥想出来的。

(二) 倒译法

倒译法就是将英语被动句的主语汉译成宾语的翻译方法。倒译法又分完全倒译法和部分倒译法。完全倒译法是把原文 by 或其他介词后的宾语倒译成汉语的主语；部分倒译法译出的汉语句子常是无主句。

1. 把 by 后的宾语倒译成汉语的主语

【例 12】Yet, only a part of this energy is used by *man*.

【译文】然而，人类只利用了这种能量的一部分。

【例 13】Rivers are controlled by *dams*.

【译文】拦河大坝把河流控制住了。

2. 把其他介词后的宾语倒译成汉语的主语

【例 14】Heat is removed from *the body* during sweating.

【译文】出汗时人体散发热量。

【例 15】Abundant exercises and problems are provided in *this reference book*.

【译文】这本参考书提供了大量的练习和问题。

3. 倒译成汉语的无主句

将英语原句主语倒译成汉语的宾语，译出的汉语句子常是无主句。有时也会将英语原句译成动宾词组作主语的句子，这种译法更符合汉语习惯，通顺自然。对于英语原句中未提及动作执行者(施事者)的情况常可采取这种翻译方法。

【例 16】Quality of products must be guaranteed first.

【译文】首先要确保产品的质量。

【例17】The goods are urgently needed.

【译文】急需此货。

（三）分译法

把原文的主语部分或被动式谓语动词从原文中分出来，单独译成一个带主语或不带主语的分句，放在句首，剩余部分再译成一句或几句，跟在其后。

1. "It＋be＋v.-ed＋that..."结构

原句的主语是先行代词it，翻译时添加"有人""人们""大家""我们"等作主语，常用于下列结构中：

It is asked that... 有人会问……

It is asserted that... 有人主张……

It is felt that... 有人感到……/人们认为……

It is preferred that... 有人建议……

It is recommended that... 有人建议/推荐……

It is suggested that... 有人建议……

It is stressed that... 有人强调说……

It will be said that... 有人会说……

It is believed that... 有人相信……

It is estimated that... 有人估计……

It is announced that... 有人通知/宣称……

It is pointed out that... 有人指出……

It is claimed that... 有人宣称……

It is declared that... 有人提出……

It is described that... 有人介绍说……

It has been objected that... 有人反驳说……

It is thought that... 人们/有人认为……

It is taken that... 人们认为……

It is reputed that... 人们认为……

It is regarded that... 人们认为……

It is noticed that... 人们注意到/指出……

It is noted that... 人们注意到/指出……

It is sometimes asked that... 人们有时会问……

It was told that... 人们曾说……

It is supposed that... 人们猜测……

It is expected that... 人们希望……

It is hoped that... 人们希望……

It is still to be hoped that... 我们仍应希望……

It is generally considered that... 大家认为……

It is well known that... 众所周知……

“It+be+v.-ed+that-cl.”结构，译成“据”字句，常见于下列句型结构：

It is said that... 据说 ……

It is reported that... 据报道……

It is supposed that... 据推测……

It is learned that... 据闻/据说 ……

It is considered that... 据估计……

It is announced that... 据称……

It is stated that... 据说……

It has been illustrated that... 据说明/图示……

It was described that... 据介绍……

It is predicted that... 据估计……

It is demonstrated that... 据证实……

It is estimated that... 据估计……

It is claimed that... 据称……

【例 18】*It is pointed* that there may be as many as 100 000 different sorts of proteins in a man's body.

【译文】有人指出人体内不同种类的蛋白质可多达 10 万种。

2. “S+be+v.-ed+to-v.”结构

原句的主语是名词或人称代词，翻译时添加“有人”“人们”“大家”“我们”等，译成分句，其余部分分层译出。此结构如下：

S+be known to -v... 大家/人们(都)知道，……

S+be held to -v... 人们认为，……

S+be considered to -v... 我们认为，……

S+be found to -v... 人们发现，……

S+be thought to -v... 有人认为，……

【例 19】All bodies on the earth *are known to* possess weight.

【译文】人们(都)知道，地球上的一切物质均具有重量。

3. 译成“据”字句

原句的主语也是名词或人称代词，翻译时常把被动的部分译成“据……”，然后再按主谓顺序译出其余部分。这种译法常见于下列句型结构。

S+be said to -v... 据说……

S+be reported to -v... 据报道……

S+be stated to -v... 据称……

S+be known to -v... 据了解……

【例 20】She *is said to* have studied English for three years.

【译文】据说她已经学了三年英语。

【例 21】The area *is known to* be rich in natural resources.

【译文】据了解，这个地区有丰富的自然资源。

4. 译成汉语的无主句

原句的主语是名词或人称代词，翻译时常把被动的部分提出来，根据时态、语气、语义灵活翻译成汉语的无主句。

S+be now thought to -v... 现在认为，……

S+have been found to -v... 已经发现，……

S+should be pointed out that... 应当指出……

S+may be safely said that... 可以有把握地说……

It is hoped that... 希望……

It is understood that... 不用说……；很清楚……

It is supposed that... 假定……

It is predicated that... 预计……

It is expected that... 预期……

It is suggested that... 有建议……；建议……

It is demonstrated that... 已经证明……

It is recommended that... 最好……；建议……

It is preferred that... 最好……

It is decided that... 已经决定……

It was so decided that... 就此决定……

It is arranged that... 已经商定/已做准备……

It is assumed that... 假定……;假设……

It is hypothesized that... 假设……;假说……

It is accepted that... 普遍认为……

It is agreed that... 通常认为……

It is proposed that... 一般认为……

It is learned that... 已经查明……

It is enumerated that... 列举出……

It is weighed that... 权衡了……;考虑了…

It is outlined that... 概括地说……

It is established that... 可以肯定……

It is requested that... 请……

It may be safely said that... 可以有把握地说……

It can be clearly seen that... 可以清楚地看到……

It was made beyond any doubt that... 毫无疑问……

【例 22】*It is now thought to* have infoldings and outpouchings.

【译文】现在认为,它有内褶和外鼓。

【例 23】The so-called precious pearls *have been found to* be common stones.

【译文】已经发现,那些所谓的珠宝竟然是些普通的石头。

英汉两种语言都有被动语态,有时可将英语被动句翻译成汉语的被动句,但多数情况下,英译汉中并不保留被动结构,而译成主动结构。

二、汉译英中的语态转换

汉语中的被动结构不那么常用,虽然不少汉语句式看似主动,实际上却带有被动的含义,如“问题已解决了”“路修好了”等,其被动的含义不言而喻,只是不用“被”字罢了。汉译英时所面临的被动结构一般有三种情况:一是带有“被”“遭”“受”“挨”等被动标签的句子;二是看似主动、实为被动的不带被动标签的句子;三是完全具有主动意义的句子,考虑到表达中心的需要,为了句子主次关系的衔接连贯,需要将其处理为被动结构。因此,汉译英的关键是如何将汉语的某些看似“主动”的结构翻译成英语的被动语态,在主动和被动结构中进行准确而自然的切换。

(一)带有被动标签的结构

这类结构中常见的被动标签有“被、受、遭、给、让、挨、叫、为……所、加以、予以"等。翻译时可套用英语的被动语态，如被选为 be elected，受尊敬 be respected，挨骂 be scolded，等等。需要注意的是，并非所有带被动标签的结构都应译成被动语态。如"老太太被风吹病了。The old lady fell ill because of the draught."词组 fall ill 为不及物动词，不能译成被动语态。又如"天太冷，水管都给冻住了。It was so cold that the water pipes froze." 这句话中，"冻"(freeze)为不及物动词，也不能够用被动语态。

（二）不带被动标签的结构

这类结构中见不到被动标签，但却明显带有被动的含义，这种情况需要我们利用逻辑思维进行分析：主语究竟能不能自行完成某一动作。如：这个问题正在研究。显然"问题"不能自行研究，一定是由人完成的，所以应当译成被动语态：The problem is now being studied. 又如：前面正在修路。根据逻辑分析我们知道"路"不能自行修建，而需要由人来完成，所以这句话应当译成被动语态：The road is being built in the front.

（三）汉语的主动结构转化为英语的被动语态

这类结构完全没有被动的含义，但是由于需要突出句子的某一成分，翻译成英语时需将汉语的主动结构转换成英语的被动语态。根据不同的视点，译文可以有不同的句式重心，因此有不同的处理方法。例如：一群人立刻把他围住了，向他提出一个又一个问题。很明显，原文的视点是围绕着"他"而展开的，全句以"他"为重心，所以我们用了被动语态：Very soon he was surrounded by a crowd and was snowed under with questions. 如果以"一群人"为全句的视点，后面紧接着是"然后他们又围住了另一个人"之类的话，显然就要译为主动结构了。

（四）一些汉语习惯用语的翻译

汉语的一些习惯用语看似主动结构，翻译成英语时可以套用英语的"It be ＋adj.(p. p.)＋that..."结构，尤其是在主语的指代不明的情况下，如众所周知、据说（据调查/报告/谣传……）、应该说、必须指出等。采用这些表达方式往往是出于不知道或不清楚动作的执行者是谁，或出于礼貌等的考虑不愿说出动作的执行者是谁。事实上，很多这类表达法是汉语在借鉴一些英语句型的基础上形成的现代汉语的套话，现在将这些套话翻译成英语，套用英语的现存句型模式就行了。

课外拓展

CATTI 笔译考试词汇必备

经济类(1)

1. 给……带来机遇和挑战 present (bring) both opportunities and challenges to
2. 给……带来积极影响 bring a more positive impact on
3. 给予财政资助 support financially
4. 有巨大潜力 have huge potential for
5. 开发/青睐中国市场 tap/favor the Chinese market
6. 申请专利 apply for a patent
7. 阻碍……的经济发展 handicap/hamper the economic development
8. 增加农业投入 invest more in agriculture
9. 有望达到(上升到) be expected to reach (rise to, be up to)
10. 造成很大压力 pose a big pressure on
11. 占领市场10% occupy/take account for 10 percent of the market
12. 缩小……间的距离 narrow the gap between
13. 加快经济发展和结构调整 speed up economic development and restructuring
14. 夺回失去的市场 take back lost market
15. 减轻……的负担 reduce/lighten the burden of/on
16. 采取反垄断措施 take anti-monopoly measures to
17. 加快努力 speed up efforts to
18. 在……建立分公司 set up branches in
19. 促进改革 promote reform
20. 面对可能的压力和竞争 face possible pressure and competition
21. 充分利用 make full use of
22. 把……列为基本国策 list... as fundamental national policies
23. 发挥自身优势 give full play to one's advantages
24. 开拓市场 exploit markets
25. 扩大消费市场 expand consumption market

26. 改善投资环境 improve the environment for investment

27. 加强风险防范 prepare oneself against possible risks

28. 扩大贫富差距 widen the gap between the rich and the poor

29. 为……提供巨大商机 present huge business opportunities

30. 快速稳定增长 grow fast and steadily

31. 让……处于同一起跑线 put... on the same platform and at the same starting point

32. 赶超先进 surpass the advanced

33. 遵循市场经济的规律 follow the law of market economy

34. 根据市场作出调整 gear ourselves to the market orientation

35. 牟取暴利 seek excessive profits

36. 做好充分准备 make good preparations for

37. 对……造成/构成威胁 form /pose a threat to...

38. 和……合作 cooperate with

39. 和……进一步合作 further cooperation with

40. 提高公务员工资 raise the salaries of civil servants

考研翻译真题演练

2002 年考研翻译真题

Read the following passage carefully and then translate the underlined sentences into Chinese.

Almost all our major problems involve human behavior, and they cannot be solved by physical and biological technology alone. What is needed is a technology of behavior, but we have been slow to develop the science from which such a technology might be drawn. (1) One difficulty is that almost all of what is called behavioral science continues to trace behavior to states of mind, feelings, traits of character, human nature, and so on. Physics and biology once followed similar practices and advanced only when they discarded them. (2) The behavioral sciences have been slow to change partly because the explanatory items often seem to be directly observed and partly because other kinds of explanations have been hard to find. The environment is obviously important, but its role has remained obscure. It does not push or pull, it selects, and this function is difficult to discover and analyze. (3) The role of natural selection in evolution was formulated only a little more than a hundred years ago, and the selective role of the environment in shaping and maintaining the behavior of the individual is only beginning to be recognized and studied. As the interaction between organism and environment has come to be understood, however, effects once assigned to states of mind, feelings, and traits are beginning to be traced to accessible conditions, and a technology of behavior may therefore become available. It will not solve our problems, however, until it replaces traditional pre-scientific views, and these are strongly entrenched. Freedom and dignity illustrate the difficulty. (4) They are the possessions of the autonomous (self-governing) man of traditional theory, and they are essential to practices in which a person is held responsible for his conduct and given credit for his achievements. A scientific analysis shifts both the responsibility and the achievement to the environment. It also raises questions concerning "values". Who will use a technology and to what ends? (5) Until these issues are resolved, a technology of behavior will continue to be rejected, and with it possibly the only way to solve our problems.

自主学习

汉语句子英译之三:断句与并句

汉语句子一般较短,结构较松散,注重意合;而英语句子一般较长,结构较紧密,注重形合。这种差异的表现之一就是英语句界分明,而汉语句界模糊。汉语断句不严格,标点符号使用比较随便,所以在处理汉语句子时要涉及两个方面的操作:

一要进行断句,即判断哪几个汉语短句可以合并翻译成一个英语句子;断句以后就要进行并句处理,就是将一组有一个中心意思贯穿、前后连贯的汉语句子(即一个句群)按照它们的内在关系和英语的句式结构规范合并翻译成一个完整的英语句子,不能"胡子眉毛一把抓"。在并句处理时要分清主次,因为汉语句子排列松散,在形式上呈并列关系,译成英语句子要考虑哪些可以译成句子的主要成分(主谓语),哪些译成句子的次要成分(从句和短语)。

二是处理整个句子的构架。在这个过程中,还要综合运用词类转换、增词法、减词法等基本技巧。

断句和并句的目的是使译文意义明晰,层次分明,脉络清楚,句子结构更加符合英语语言的表达习惯，从而提高译文的质量，使原文信息更好地传递给英语读者。

1　汉译英的断句法

汉译英中断句法的原则是：首先透彻理解原文，体会作者的思路，分析句子与句子之间以及每个句子内各部分之间的关系，弄清这种关系是平行关系还是主辅关系，然后根据英语的表达习惯重新断句、拆句或并句。一句话必要时可断作几句来译，才能使意思清晰、结构利落，合乎英语的表达习惯。

1.1　汉译英中的断句译法

1.1.1　一句中包含两个或多个层次的意思

(1) 只有一个主语：通常在第一层意思处断句，之后的另一个或几个层次另为一句，且第二句的主语用代词即可。

一般说来，典型的金属能导热导电，//表面有光泽，具有延展性和可锻性。

General speaking, the typical metal conducts electricity and heat. //It shows lustrous surface, usually with white, or so-called metallic luster. It is ductile and malleable.

在软木塞上钻一个小孔，//将一根玻璃管插入软木塞的孔中。

Make a hole through the cork. //Push a tube through the hole in the cork. (祈使句，主语省略)

(2) 不同短句中出现不同主语(主语转换)：不同主语的短句可另立一句。

水蒸气接触到冷瓶子时，就冷却为水，//瓶子就湿了。

When the steam touches the cold bottle, it cools and changes into water again. //The bottle becomes wet.

原子核由质子，或带正电荷的粒子和中子，不带电荷的粒子的结合体组成，//各种元素内的质子和中子数量可以不等，但只有一些结合体是稳定的。

Atomic nuclei consist of combinations of protons, or positively-charged particles, and neutrons, or uncharged particles. //The number of protons and neutrons in each element can vary, but only certain combinations are stable.

耳朵是用来听声音的器官，//鼻子用来嗅气味，//舌头用来尝滋味。

The ear is the organ which is used for hearing. //The nose is used for smelling. //The tongue is used for tasting.

(3) 复杂定义句：定义的主干部分成一句，其他补充或说明部分另立一句；补充或说明部分含并列或多重意思的可进一步拆分。

因此，关于阀的开启有效行程应当是指[气包压力开始下降(即气箱压力明显上升)的]A点到(气包压力开始趋于平稳的)B点阀所经历的行程。

Therefore, the effective stroke of the valve during opening should be the distance the valve travels from point A to point B. //At point A the pressure in the air tank begins to fall (that is, the pressure in the clearance of the upper part of the flask begins to rise obviously). At point B the pressure in the air tank begins to be steady.

1.1.2 采用"先总说、后分述"或"先分述、后总说"结构或因果关系的长句，英译时一般总说为一句，分述为一句，或原因为一句，结果为一句

总之，微波只能以射线方式传播，//没有一系列的转播塔，它们就不能越过漫长的距离，把消息传递到遥远的地方。

In short, microwaves can only travel in straight line. //Without a series of rely towers, it is impossible for them to send messages over long distances to remote places.

人的觉悟是不容易的，//要去掉人民头脑中的错误意识，需要我们做很多切切实实的工作。

The political awakening of the people is not easy. //It requires much earnest effort on our part to rid their minds off wrong ideas.

人们必须通过对现象的分析和研究，才能了解到事物的本质，//因此需要科学。

It is by analysing and studying the appearance of a thing that people come to know its essence. //Hence the need for science.

内部压力越高，气体膨胀的趋向就越大，//这种现象可以用提高气球温度来很好地说明。

The higher the internal pressure, the greater the tendency for the gas to expand. //This phenomenon may well be illustrated with a heated balloon.

1.1.3 含有多个零散短句的长句(主要出现在文学作品中)，对各个短句进行语义上的切分，按话题断成两句或更多个句子。关键是紧扣汉语原文的主题进行断句，这样才能有效地实现汉语意合向英语形合的转换。

小马儿也就是十二三岁，//脸上挺瘦，身上可是穿得很圆，//鼻子冻得通红，挂着两条白鼻涕，//耳朵上戴着一对破耳帽儿。

Little Ma was not more than twelve or thirteen. //His face was very thin, but his clothes were bulky. //His nose, red with cold, was running. //On his ears, he wore a pair of tattered earmuffs.

分析:原文是一个流水句,介绍了人及其外貌特征,包含了四个不同话题的分句。各分句之间无关联词语来表明它们之间的关系。翻译时,按各分句不同的话题拆分:年龄、脸与身子、鼻子、耳朵。我们将整个句子译成相应的四个句子,层次清楚,同时也保持了各层次的相对独立性。

不一会儿,北风小了,//路上浮尘早已刮净,剩下一条洁白的大道来,//车夫也跑得更快。

Presently the wind dropped a little. //By now the loose dust had all been blown away, leaving the roadway clean,//and the rickshaw man quickened his pace.

分析:原文分北风、浮尘和车夫三个话题,统一在对车夫在街道上拉车描写的大主题中。译文主要从语义紧密的角度出发,对其进行切分,北风、浮尘和车夫三个话题各成一句。

1.2 断句不当的原因

断句不当现象在汉译英时常常发生,其原因很复杂,但无论如何,必须坚持以主题为切分点的断句一般原则。

1.2.1 原因一:主题误判

译者对于句中主题的判断有误,把属于同一主题的内容拆分成几个主题,或者把不属于同一主题的内容归于同一主题下,造成断句不合理。

自上了轿,进了城,//从纱窗中瞧瞧,其街市之繁华,人烟之阜盛,自非别处可比。

译文 1:She got into her chair. They carried her through the city wall. She peeped through the gauze panel which served as a window. Streets and buildings could be seen. She noticed that they were richer and more elegant. And throngs of people were also seen who were more lively and numerous than she had ever seen in her life before.

译文 2:She got into her chair and was soon carried through the city wall. //Peeping through the gauze panel which served as a window, she could see streets and buildings more rich and elegant and throngs of people more lively and numerous than she had ever seen in her life before.

分析:原文是流水句,按时间顺序排列。语义上包含两个层次(即两个主题),分别描写了"她入轿进城"和"进城所见"。译文1错误地将主题判断成了五个,译成了五个单独的句子,致使译文语义松散,破坏了整体连贯性。译文2按两个主题来断句,结构紧密,层次分明。

"根生从来没跟他的老婆吵过架!我知道一定有别的事情!一定有别的事情!"阿李严肃地说。//他表现出纳闷的样子,因为他不知道这别的事究竟是什么事情。

译文1:"Gensheng never quarrels with his wife. It must be something else. I'm sure." Li said gravely. He was puzzled. What could it be?

译文2:"Gensheng never quarrels with his wife. It must be something else, I'm sure." Li said gravely. //He was puzzled, because he didn't know what that something could be.

分析:原句由阿李的发言自然分为两个部分,合在一起统一在一个主题下。前一部分以叙述者的身份叙述了阿李的心理活动,后一部分是紧跟其后的客观评论,二者应合在一起译。译文1把"What could it be?"单独翻译,实际上是隐去阿李这一人物主体,因此译文2的译法更为贴切。

1.2.2 原因二:忽视风格对等(风格统一)

汉语长句在断句时,断成的句子内部要变"意合"为"形合",变"暗示连贯"为"明示连贯"。但有时受原文整体风格的限制,为保持原文的语体特色,翻译时我们对原文不进行切分,而是译成与原文相对应的一个长句,以求实现内容与形式的统一。但在翻译实践中,忽视风格对等而断句不当的情况也时有发生。

干得很顺手,//上汽车没到三分钟,一个钱包就到手了,鼓鼓囊囊的,看来钱不少。

译文1: Three minutes after he stepped on the crowded bus, he had succeeded in pilfering a very full money purse.

译文2: An easy job! //Hardly three minutes on the bus, and he had laid hands on a purse, bulgy, apparently full of money.

分析:原文用跳跃活泼的句子,从人物内心角度描绘了主人公扒钱得手后的欢快心情。译文1用一个结构严谨、用词讲究的长句,从叙事者的角度对这一事件进行客观陈述,没有准确再现出原文的风格。译文2抓住了原文的语言特点,用几个短句与之对应,其中三个句子没有谓语,仅有名词或形容词,十分贴切地反映了小偷当时的心情。

1.3　断句的几条原则和技巧

(1) 按内容层次断句；

(2) 从主语变化处断句；

(3) 在总说分述处断句。

汉语有些句子习惯于先概括，即先总说，后分述，或者先详尽阐述，后概括，总说与分述之间并不用句号隔开，译成英语时，为使译文内容层次清晰，可在总说与分述之处断句。

2　汉译英的并句法

在对汉语原文进行断句处理后，就面临如何将每个断开部分中的几个汉语短句合并翻译成一个完整句子的问题，这就是汉译英中的并句法。

采用并句法可以避免语言的拖沓和重复，使译文更加严谨、简洁、紧凑，符合英文的表达习惯。

(1) 有些短句之间即使有句号隔开，但如果语义上联系紧密，应并为一句。

北海公园是原辽、金、元、明、清历代封建帝王的“御花园”。总面积共有68.2公顷。

分析：原文的最后一句虽然被句号隔开，但实际上是对北海公园的附加说明，不宜单独成句。

Beihai Park, covering an area of 68.2 hectares, was the imperial garden in the Liao, Jin, Yuan, Ming and Qing Dynasties.

曲曲折折的荷塘上面，弥望的是田田的叶子。叶子出水很高，像亭亭的舞女的裙。(《荷塘月色》)

分析：虽为两句，但后句的主语重复前句的结尾，对“叶子”进行补充说明，故可译为一个现在分词短语。

All over this winding stretch of water, what meets the eye is a silken field of leaves, reaching rather high above the surface, like the skirts of dancing girls in all their grace.

(2) 很多汉语的并列短句之间存在隐含的逻辑关系(因果、假设、目的、方式等)，并句时要注意通过逻辑关联词等将这些逻辑关系表示出来。

这件事感动了上帝，他就派两个神仙下凡，把两座山背走了。

分析：原文含有因果关系，可通过 so... that 表示出来。

God was so touched by this that he sent two angels down to the human world, who carried the mountains away on their backs.

他中等身材，脸面方正，稍稍憔悴青白的，两眼莹莹有光。

分析：后两部分隐含转折关系，英语中应添加转折连词。

Of average build, he had regular features. His face was pale and slightly drawn, but his eyes shone.

还是热，心里可镇定多了。凉风，即使是一点点，给了人们许多希望。

分析：原文虽有句号隔开，但不宜译为两句，因为前后部分含有一种因果关系，即后句说明前句的原因。

It was still hot but everyone felt much better, for the breeze, though slight, brought them hope.

他的面容极富表情，时而讥讽，时而诙谐，时而仰天大笑。

译文 1：He has a very vivid face, now ironical, now witty, now laughing heartily with his face up.

译文 2：He had an extraordinary vivid face. Sometimes he is ironical. Sometimes he is jesting. Sometimes he burst into laughter with his head thrown back.

分析：原文传达的是一种迅速变化的表情，第一种译法通过几个短语的连用，给人一种"迅速"之感；相反，第二种译法给人一种滞重感，达不到原文的效果。

第四单元　表达转换译法
——肯定与否定

☞ 学习目的与要求

通过本单元的学习，学生应能够按表达习惯、内涵意义和词汇意义，在英汉互译中处理好各种肯定与否定的转换问题。

☞ 学习重点与难点

1. 表达转换译法
2. 肯定否定翻译陷阱

☞ 学习要点

表达转换译法亦称"正说反译法""正反译法""反正、正反表达法"，即以"正"译"反"或以"反"译"正"来表达原文的内容。由于英汉两种语言的差异和思维方式的不同，有时英语用否定形式表达的意义，汉语只能用肯定的形式来表达；英语用肯定形式表达的意义，汉语只能用否定的形式来表达。改变表达方式主要从三方面考虑：表达习惯、内涵意义和词汇意义。

【例 1】This *is the last* job I would do.

【译文】我绝不会干这活。

【例 2】In the high altitude snow and ice *remain* all the year.

【译文】海拔高的地方，冰雪常年不化。

【例 3】*Don't lose time* in posting the letter.

【译文】赶快把信发出去。

【例 4】His *absence* of mind during the driving nearly caused an accident.

【译文】他开车时心不在焉，差点出事。

【例 5】This creek is *free of* ice in winter.

【译文】这条小溪冬天不结冰。

一、按表达习惯译

英语和汉语的表达习惯不同，因此有时需要译者用否定结构来替换原文中的肯定句式，有时则相反，译者需要用肯定结构来翻译原文中的否定句式。

（一）反话正说，否定译肯定

英语中有一些否定句，要根据词句的含义、逻辑关系，把否定句译为肯定句，才符合汉语的思维和行文习惯。

【例 6】The significance of these incidents *wasn't lost* on us.

【译文】这些事引起了我们的重视。

【例 7】He *has no* small chance of success.

【译文】他大有成功的可能。

【例 8】The thought of returning to his native land *never* deserted him amid his tribulation.

【译文】在苦难中，重返故土的想法始终在他心头萦绕。

【例 9】John can be relied on; he *eats no fish* and *plays the game*.

【译文】约翰为人可靠，忠诚又守规矩。

【例 10】There is *nothing* like health.

【译文】健康是最重要的。

【例 11】We're almost home; we'll be there *in no time*.

【译文】我们快到家了；马上就要到了。

（二）正话反说，肯定译否定

英语中有一些句子，句式是肯定句，意义却是否定的。对于这类句子，可根据词句的含义，按汉语表达习惯，将肯定句译为否定句，这样通顺自然，语言地道。

【例 12】The window *refuses to open*.

【译文】窗户打不开。

【例 13】*It is a* wise father *that* knows his own child.

【译文】聪明的父亲也未必了解自己的儿子。

【例 14】*Keep off* the grass.

【译文】请勿践踏草坪。

【例 15】The pursuit of science *withdraws* interest from external things.

【译文】科学家由于致力于科学研究，对外界事物总是不感兴趣。

【例 16】In the grave the rich and the poor lie *equal*.

【译文】人死后即无贫富之差别。

【例 17】We live *meagerly*, but at the same time, we are blessed in many ways.

【译文】我们生活并不富裕，但同时在很多方面又是很幸运的。

【例 18】My guess is *as good as* yours.

【译文】我的猜测并不比你的高明。

【例 19】*Before* he could stop, I had rushed out of the classroom.

【译文】在他还没来得及阻拦我之前，我已经跑出教室。

(三) 反话反说，否定译否定

每一种语言都有其自身独特的否定方式，英语的否定按语言学家的划分大致上有四类：完全否定（带 no 的词语，如 nothing、none 等），半否定（hardly、scarcely 等），部分否定（not all、not every 等）及带否定意义的词语（fail、without 等）。汉语的否定词比英语少得多，在表达否定意义时，汉语没有严格意义上的形态变化，表达形式比较简单，易于辨认，几乎所有表达否定意义的词语中都含有明显的标志性否定词，以副词居多，个别为形容词或动词。在翻译时，要注意逻辑关系、上下关系、否定范围，是特指否定还是泛指否定，是单词、短语否定还是句子否定，是隐性否定还是显性否定。只有搞清这些关系，才能使否定译否定而不改变原文之意。

【例 20】We *never* thought of *nothing* wrong. (= We never thought of anything wrong.)

【译文】我们从来没想到有什么错误。(重复否定)

【例 21】Waste *not*, want *not*. (=If you don't waste, you will not want.)

【译文】不浪费，不缺乏。(一般否定)

【例 22】He was so underpaid and so deep in his work that he had declared *never* to marry.

【译文】他的收入非常少，而工作却如此潜心，所以他决心永不结婚。(特指否定)

【例 23】It is *unlikely* but *not impossible*.

【译文】这个可能性不大,但也不是不可能。(显性否定)

【例 24】He *doesn't seem* to like the idea.

【译文】他似乎不喜欢这个主意。(转移否定)

(四) 否定陷阱

英语中的一些否定结构如果按字面意义理解很容易出错,这些结构我们称之为"否定陷阱",稍有不慎就会出错。特别是其中的 not... because、cannot... too 和 all/every... not 这三类。详见本单元"四、当心否定陷阱"。

二、按内涵意义译

(一) 肯定译否定,更能传神达意

【例 25】His work often *falls short of* the mark.

【译文】他的作品常常达不到标准。

【例 26】There have always been *more* books *than* anyone could read.

【译文】任何人都不能读尽天下之书。

【例 27】It *was beyond* his power to sign such a contract.

【译文】他无权签订这个合同。

【例 28】Yet the process of achieving gender equality is still an *ongoing one*.

【译文】然而争取男女平等的过程仍然是一项未竟之业。

(二) 否定译肯定,更能表达原文含义

【例 29】A book may be compared to your neighbour; if it is good, it can *not* last too long; if bad, you *cannot* get rid of it too early.

【译文】一本书可比作邻居;如果好,结识愈久愈好;如果不好,分手愈早愈好。

【例 30】He *never* spared himself and so he made me work hard.

【译文】他严格要求自己,也叫我努力工作。

1. 双重否定结构

双重否定一般来说可译作肯定,其道理如两个负数相乘结果为正数一样。

【例 31】There is *no* rule that has *no* exception.

【译文】任何规则都有例外。

【例 32】There is *nothing unexpected* about it.

【译文】一切都在意料之中。

【例 33】They *never* meet *without* quarreling.

【译文】他们每次见面必吵架。

【例 34】There is *not* any advantage *without* disadvantage.

【译文】有一利必有一弊。

2. 迂回式肯定结构

这是一种迂回的表达肯定的方式，字面看似否定，实为委婉迂回的肯定。这类结构切不可照字面理解翻译。

【例 35】I could *not* feel *better*.

【译文】我感觉很好。

【例 36】He *didn't half* like the girl.

【译文】他非常喜欢那姑娘。

【例 37】I *couldn't* agree with you *more*.

【译文】我太赞成你的看法了。

【例 38】If that *isn't* what I want!

【译文】我所要的就是这个呀！

【例 39】He *can't* see you quick *enough*.

【译文】他很想尽快和你见面。

三、按词汇意义译

（一）含有否定意义的动词，译为否定句

句子中并无 no、not、never 等词语，但动词含有否定意义，可译为否定句。这类动词如 fail、miss、lack、hold、ignore、refuse、withhold、refrain(from)、neglect、deny、overlook、exclude 等，当它们在句子中出现，就可运用反义译法，这样会使意义更明确。

【例 40】A few pages of this dictionary are *wanting*.

【译文】这本字典少了几页。

【例 41】If the weather *holds* a couple of days, the plane will take off.

【译文】要是天气三两天内保持不变，飞机就起飞。

（二）含有否定意义的名词，译为否定句

句子中含有表示否定意义的名词，可译为否定句。这类名词如 absence、exclusion、lack、failure、ignorance、neglect、refusal、reluctance、variance 等，当它们在句子中出现，就可运用反义译法，这样可使表达更为符合情理。

【例 42】His *absence of mind* during the driving nearly caused an accident.

【译文】他开车时心不在焉，差点出事。

【例 43】The two brothers have been *at variance for* many years.

【译文】这兄弟俩不和睦已有好多年了。

【例 44】Never concentrate all your attention on one or two problems to *the exclusion of* others.

【译文】别把注意力集中在一两个问题上，而不顾其他问题。

（三）含有否定意义的代词，译为否定句

句子中含有表示否定意义的代词（代词词组），可译为否定句。这类代词如 anything but 等，当它们在句子中出现，就可运用反义译法，anything but 之后一般接名词、代词、形容词、分词等，这样可使译文简洁流畅。

【例 45】He is *anything but* modest.

【译文】他一点也不谦虚。

【例 46】We shall design *anything but* old-fashioned machines.

【译文】我们决不设计老式机器。

【例 47】That little bridge is *anything but* safe.

【译文】那座小桥一点也不安全。

（四）含有否定意义的形容词，译为否定句

句子中含有表示否定意义的形容词（形容词短语）可译为否定句。这类形容词如 few、little、poor、free from(of)、far from、safe from、apart from、short of、inferior to 等，当它们在句子中出现，就可运用反义译法，这样可使译文清楚明白。

【例 48】True, reading is *far from* the only source of knowledge.

【译文】的确，阅读远非知识的唯一来源。

【例 49】This creek is *free of* ice in winter.

【译文】这条小溪冬天不结冰。

（五）含有否定意义的连词，译为否定句

句子中含有表示否定意义的连词，可译为否定句。这类连词如 unless、otherwise、before、until、other(rather) than、or、instead of 等，当它们在句子中出现，就可运用反义译法，这样可使译文自然流畅。

【例 50】Get everything ready *before* it's too late.

【译文】把一切准备好，免得太迟来不及。

【例 51】I'll do it now *before* I forget.

【译文】趁着没忘我现在就干。

【例 52】*Rather than* cause trouble, he left.

【译文】他不想惹麻烦,就走了。

(六) 含有否定意义的副词,译为否定句

句子中含有表示否定意义的副词(副词短语),可译为否定句。这类副词如 little、lightly、otherwise、(have) yet to、too... to...、too... for... 等,当它们在句子中出现,就可运用反义译法,这样可使译文习惯自然。

【例 53】They had *barely* enough time to catch the train.

【译文】他们差点儿没赶上火车。

【例 54】He was 60, but he carried his years *lightly*.

【译文】他 60 岁了,可并不显老。

【例 55】He evidently thinks *otherwise*.

【译文】他显然有不同的想法。

(七) 含有否定意义的介词(短语),译为否定句

句子中含有表示否定意义的介词(短语),可译为否定句。这类介词(短语)有 but、against、without、above、below、except、beyond、instead of、in place of、out of 等,当它们在句子中出现,就可运用反义译法,译为否定句,这样可使译文表达符合汉语的习惯。

【例 56】His conduct is *above* reproach.

【译文】他的行为无可指责。

【例 57】I am *below* him in working ability.

【译文】我在工作能力方面不如他。

(八) 含有否定意义的句子结构,译为否定句

这类结构的译法是由从句的谓语动词所决定的,表示某一动作或状态由过去某一时刻结束到现在为止的一段时间。从句的谓语常用一般过去时,用哪类特性的动词都可以,但从语义的角度讲,非持续性动词作从句谓语,语义与其词义相一致,持续性动词作从句谓语与其词义恰好相反。

【例 58】*It is* five years *since* he came back.

【译文】他回来已经五年了。(肯定)

【例 59】*It is* already three years *since* he was a teacher.

【译文】他不当老师已经三年了。(否定)

表达转换译法是一个很难解决的问题，涉及文化习俗、语言表达习惯等方面的问题。英语里一个正面的意思常常采用一个反面的汉语词语来表达，或一个反面的意思常常需要采用一个正面的汉语词语表达。译者需要根据其在译文中的表达效果，所在的语言环境、思维方式、表达习惯而确定该用正译还是反译，运用好表达转换译法，以提高译文质量。

四、当心否定陷阱

（一）表示否定意义的英语特殊句型

1. more than... can"简直不/完全不能/无法/难以……"

more than... can 相当于 can not。

【例 60】The beauty of the park is *more than* words *can* describe.

【译文】这个公园美得无法形容。

【例 61】The boy has become very insolent and it is *more than* his parents *can* bear.

【译文】这男孩变得非常无礼，到了他父母都完全不能忍受的地步。

2. more than one can help"尽量不，绝对不"

more than one can help 相当于 as little as possible。

【例 62】Don't tell him *more than* you *can help*.

【译文】能不跟他讲就尽量不要跟他讲。

【例 63】She never does *more* work *than* she *can help*.

【译文】能不做的事情，她是绝对不做的。

3. more A than B"是 A 不是 B""与其说 B，不如说 A"

【例 64】He is *more* brave *than* wise.

【译文】他有勇无谋。

【例 65】Everything in the world should be regarded *more* as in motion *than* as at rest.

【译文】世间万物都应该看成是在运动之中，而不是处于静止状态。

4. 比较级＋than to＋v."明事理/聪明些而不至于做……"

【例 66】She is old enough to know *better than to* spend all her money on clothes.

【译文】她年纪够大了（该明事理），不至于把所有的钱财都花在衣着上吧。

【例 67】She should know *better than to* poke the animal with her umbrella.

【译文】她应当知道不该用伞去捅动物。

5. anything but“绝不/一点也不”

【例 68】He is *anything but* a scholar.

【译文】他绝不是个学者。

比较：

【例 69】He is *nothing but* a scholar.

【译文】他只不过是个学者。

6. have yet to+v.“还未做”

have yet to do... 结构表示否定意义，相当于 have not yet done...。

【例 70】I *have yet to* hear the story.

【译文】我还没有听过那个故事。

【例 71】I *have yet to* learn the new skill.

【译文】我还没有学那项新技术。

7. It is+a/an+adj. +noun+that...“再……也难免”“无论多么……也再也不会(不能)”

此结构多见于谚语表达中，从其含义上看可以视为表示“让步”概念的特殊表现手法。

(1) 当 that 分句的形式为否定时，无论否定体现在谓语动词上，还是宾语上，一般可直接译成肯定意义的句子，或用“否定+否定”的结构来翻译。

【例 72】*It is a* good workman *that* never blunders.

【译文】智者千虑，必有一失。(也可译为“再聪明的工匠也难免出错”。)

【例 73】*It is a* long lane *that* has no end/turning.

【译文】路必有弯。(也可译为“再长的胡同也有尽头”。)

【例 74】*It is an* ill wind *that* blows nobody good.

【译文】坏事未必对人人都有害处。(也可译为“再坏的事也不是对人人都有害处”。)

(2) 当 that 分句的形式为肯定形式时，则译成否定，或将主句译成否定。

【例 75】*It is a* bold mouse *that* nestles in the cat's ear.

【译文】再勇敢的老鼠也不会在猫耳朵里安家。

【例 76】*It is a silly fish that* is caught twice with the same bait.

【译文】智者不上两回当。

【例 77】*It is a good divine that* follows his own instructions.

【译文】能说者未必能行。

8. may (might) as well...“还不如……”

【例 78】You *might as well* burn the book than give them to her.

【译文】你把这些书给他还不如烧毁了好。

9. It is... years since... 十持续性谓语动词“不/没有做……已经……年了”

【例 79】*It is three years since* I *studied* Spanish.

【译文】我已三年没学西班牙语了。

10. be the last man to v.(绝不会做)

【例 80】He *was the last man to* say such things.

【译文】他绝不会说这样的话。

（二）表示肯定意义的英语特殊句型

1. cannot/can never... too/over/enough“怎么……都不过分”;“越……越……”;“非常”

此结构是双重否定的一种特殊句型,强过肯定语气。其肯定程度由强到弱为: not/never → hardly/scarcely/impossible/difficult to → over/enough/sufficient/more。

【例 81】You *cannot* be *too* cautious.

【译文】越小心越好。

【例 82】We *can hardly* come back *too* soon.

【译文】我们回来得愈快愈好。

【例 83】The significance of the achievement *can scarcely* be *overestimated*.

【译文】这一成就的意义无论怎样估计也不过分。

2. never... but“每当……,总是……”“没有哪次不是……”

【例 84】It *never* rains *but* pours.

【译文】不雨则已,雨必倾盆。

3. no less... than... 前后均为肯定,译为“是……是……”“既……又……”“正是”“连……都……”“和……一样”等,带有惊奇等感情色彩

【例 85】He fought with *no less* daring *than* skill.

【译文】他既善战又勇敢。

【例 86】*No less* an authority *than* Dr. James has spoken highly of the invention.

【译文】连詹姆斯这样的权威都高度评价这项发明。

【例 87】The middle-aged man was *no less*(no other) a person *than* the new minister.

【译文】这位中年人正是新来的部长。

【例 88】Her voice is *no less* sweet *than* it used to be.

【译文】她的歌声和以前一样甜美。

4. no less A than B"即是 B 也是 A"

【例 89】He is *no less* a writer *than* a painter.

【译文】他既是画家,也是作家。

比较:no more A than B"即不是 B 也不是 A"。

【例 90】He is *no more* a writer *than* a painter.

【译文】他既不是画家,也不是作家。

5. It will not be long before..."很快就会……"

【例 91】*It will not be long before* they understand the truth that study hard before it is too late.

【译文】他们大概很快就会理解要趁早努力学习的道理。

6. not...until..."直到……才……"

【例 92】She *won't* go away *until* you promise to help her.

【译文】她要等你答应帮助以后才肯走。

(三) 否定转移

1. not...because(并非因为……而)主句部分的否定转换为从句部分的否定

【例 93】I *don't* teach *because* teaching is easy for me.

【译文】我之所以教书不是因为我觉得教书轻松。

比较:I don't teach, because teaching is demanding.(我之所以不教书,因为教书是个劳神费力的工作。)

【例 94】The engine *didn't* stop *because* the fuel was finished.

【译文】引擎并不是因为燃料耗尽而停止运转的。

2. 当主句的谓语是 think、believe、except、suppose、imagine、reckon、fancy、anticipate、figure、hope 等表示思维心理活动的动词时,需要把主句的否定成分转移到后面的宾语从句中的谓语动词前面

【例 95】We *do not consider* that neutrons have charges.

【译文】我们认为中子不带电。

3. 当有 view、wish、belief、thought、opinion 等名词作主句的表语时，否定主句转换为否定从句

【例 96】It is *not my opinion* that he is the best man for the job.

【译文】我认为他并不是做这项工作的最佳人选。

4. 表示感觉的系动词 seem、appear、feel、look as if、sound as if 等作主句的谓语时，否定主句转换为否定从句

【例 97】His voice *doesn't sound as if* he had a cold.

【译文】他的声音听着不像感冒。

（四）部分否定

代词与副词，如 all、both、every、everybody、everyday、everyone、many、everything、entirely、altogether、absolutely、wholly、completely、everywhere、always、often 等与否定词 not 搭配使用时，表示部分否定，常常翻译为“并非所有，并不是都”。

1. all/every... not“并非……都”

【例 98】*All* that glitters is *not* gold.

【译文】发光的并不一定都是金子。

2. both... not“并非两者……都”

【例 99】*Both* the instruments are *not* precision ones.

【译文】这两件东西不都是精密仪器。

（五）常见易混否定/肯定短语的比较与翻译

1. no＋n. 与 not a(an, any)＋n.

no 是形容词，用来否定名词，not 是副词，用来否定动词、副词或形容词。

no 否定名词时往往带有感情色彩，用在表示职业或人物的名词前常含贬义，意为“无资格、外行、不会”等。比较：

【例 100】He is *no* doctor *at all*.

【译文】他对医道一窍不通。

【例 101】He is *not* a doctor *at all*.

【译文】他不是从医的。（从事其他职业）

【例 102】They are *no* friends *of* ours.

【译文】他们绝非我们的朋友。

【例 103】They are *not* friends *of* ours.

【译文】他们不是我们的朋友。（可能是别人的朋友）

2. more A than B

more A than B 翻译为“与其说 B，不如说 A”或译成“是 A 不是 B”。类似的结构有：less A than B“与其说 A，不如说 B”，not so much A as B“与其说 A，不如说 B”，A rather than B “与其说 B，不如说 A”/“是 A 不是 B”，A better than B “与其说 B，不如说 A”/“B 不如 A”。

【例 104】He is *more* brave *than* wise.

【译文】与其说他聪明，不如说他勇敢。/他有勇无谋。（意译）

【例 105】He is *less* clever *than* diligent.

【译文】与其说他聪明，不如说他勤奋。

【例 106】Oceans do *not so much* divide the world *as* unite it.

【译文】海洋与其说是分隔了世界不如说是连接了整个世界。

【例 107】She spoke in grief *rather than* in anger.

【译文】与其说她讲得很气愤，不如说她讲得很伤心。

【例 108】A straightforward talk is *better than* a flowery speech.

【译文】巧言不如直说。

3. more than... 后面所跟的词性不相同，意义也不尽相同

（1）后接数词，表示“多于……”“……以上”。

【例 109】He saw *more than* 800 children, dying of starvation.

【译文】他看到过超过 800 名以上的儿童死于饥饿。

（2）后接名词或动词，译为“不只是……”“胜过”。

【例 110】He is *more than* a father to her.

【译文】他待她胜过父亲。

【例 111】He *more than* smiled, *but* laughed.

【译文】他不只是微笑，而且是放声大笑。

（3）后接形容词、副词或分词，译为“极其”“非常”。

【例 112】She was *more than* kind to us.

【译文】她对我们非常友好。

（4）more than... can... 译为“难以……”“完全不能……”

【例 113】That is *more than* I *can* tell.

【译文】我简直不能说。

课外拓展

CATTI 笔译考试词汇必备

经济类(2)

1. 计算出准确的工资水平 figure out an exact salary level
2. 和……有合作关系 have cooperative ties with
3. 从国外引进先进技术 introduce from abroad the advanced technology
4. 优胜劣汰 select the superior and eliminate the inferior
5. 保证下岗职工的基本生活 guarantee the basic needs of laid-off workers
6. 取缔非法收入 ban unlawful incomes; ban illegal earnings
7. 深化改革 deepen the reform
8. 控制通货膨胀 control inflation; keep inflation under control
9. 让位于竞争需要 give way to the need for competition
10. 向……投资巨额资金 invest huge amounts of money into
11. 损失惨重 suffer great losses
12. 制造假象 create smoke screens to do
13. 陷入困境 land oneself in deep trouble
14. 吸引外商投资 attract foreign investment
15. 抓住机遇 seize opportunities
16. 适应……的发展 adapt oneself to the development of
17. 被指控接受贿赂 be accused of accepting bribes
18. 和……达成(签订)协议 reach (sign) an agreement with
19. 促进地区间的合作 promote regional cooperation
20. 退还大量钱款 give back an amount of money
21. 举报非法行为 disclose any illegal activities
22. 筹集足够的资金 raise enough funds
23. 采取不同的办法 adopt various methods
24. 承担风险 bear/take risk
25. 创收外汇 earn foreign exchange/currency
26. 活跃市场 enliven the market
27. 造成损失 cause a loss to

28. 十分重视 attach importance to

29. 制定……法律 make a law of/to

30. 大力发展 strive to develop

31. 提高居民生活 improve residents' standard of living

32. 提高管理水平 raise the management level

33. 加强管理 reinforce the management

34. 完善服务 perfect services

35. 刺激国内需求 stimulate domestic demand

36. 打破垄断 break the monopoly

37. 加快竞争步伐 accelerate the competition

38. 为当地人带来多种经济和社会效益 bring multiple economic and social benefits to the local people

39. 优先发展公共运输 give priority to the development of public transportation

40. 调整产业结构 adjust the industrial structure

考研翻译真题演练

2006 年考研翻译真题

Read the following text carefully and then translate the underlined segments into Chinese.

Is it true that the American intellectual is rejected and considered of no account in his society? I am going to suggest that it is not true. Father Bruckberger told part of the story when he observed that it is the intellectuals who have rejected America. But they have done more than that. They have grown dissatisfied with the role of intellectual. It is they, not America, who have become anti-intellectual.

First, the object of our study pleads for definition. What is an intellectual? (1) I shall define him as an individual who has elected as his primary duty and pleasure in life the activity of thinking in a Socratic(苏格拉底) way about moral problems. He explores such problems consciously, articulately, and frankly, first by asking factual questions, then by asking moral questions, finally by suggesting action which seems appropriate in the light of the factual and moral information which he has obtained. (2) His function is analogous to that of a judge, who must accept the obligation of revealing in as obvious a manner as possible the course of reasoning which led him to his decision.

This definition excludes many individuals usually referred to as intellectuals—the average scientist, for one. (3) I have excluded him because, while his accomplishments may contribute to the solution of moral problems, he has not been charged with the task of approaching any but the factual aspects of those problems. Like other human beings, he encounters moral issues even in the everyday performance of his routine duties—he is not supposed to cook his experiments, manufacture evidence, or doctor his reports. (4) But his primary task is not to think about the moral code which governs his activity, any more than a businessman is expected to dedicate his energies to an exploration of rules of conduct in business. During most of his waking life he will take his code for granted, as the businessman takes his ethics.

The definition also excludes the majority of teachers, despite the fact that teaching has traditionally been the method whereby many intellectuals earn their living. (5) They may teach very well and more than earn their salaries, but most of them make little or no independent reflections on human problems which involve moral judgment. This description even fits the majority of eminent scholars. Being learned in some branch of human knowledge is one thing, living in "public and illustrious thoughts," as Emerson would say, is something else.

自主学习

公共服务领域英文译写规范(摘录)

第1部分:通则

5 译写方法和要求

5.1 场所和机构名称

5.1.1 总则

场所和机构名称应区分专名、通名、修饰或限定成分,分别使用汉语拼音和英文进行拼写或翻译。

5.1.2 专名

5.1.2.1 专名一般使用汉语拼音拼写。如:同仁医院 Tongren Hospital。

5.1.2.2 来源于英文的专名,直接使用原文。如:希尔顿酒店Hilton Hotel。

5.1.2.3 有实际含义、并需要向服务对象特别说明其含义的专名,可使用英文翻译。如:因藏有玉佛而得名的上海玉佛寺译作Jade Buddha Temple。

5.1.3 通名

5.1.3.1 通名一般使用英文翻译。如:华联超市 Hualian Supermarket。

5.1.3.2 专名是单音节时,其通名部分可视作专名的一部分,先与专名一起用汉语拼音拼写,然后用英文重复翻译。如:豫园 Yuyuan Garden。

5.1.3.3 通名在原文中省略的,应视情况补译。如:梅园村(饭店名)Meiyuancun Restaurant。

5.1.4 修饰或限定成分

5.1.4.1 行政区划限定成分

行政区划限定成分用汉语拼音拼写,如:北京 Beijing 。但表示国家和大区的,使用英文翻译,如:华北 North China。

作为限定成分,行政区划名中的“省”“市”“区”“县”“乡(镇)”等可以省去不译。但在党政机关名称中,以及在名称相同、行政层级不同而易产生混淆的情况下,应当用英文译出,如“吉林省”和“吉林市”可分别译作 Jilin Province 和 Jilin Municipality。

5.1.4.2 序列、方位、属性、特点等修饰成分

用英文翻译,如:北京南站(火车站) Beijing South Railway Station。但名称主体已失去原属性特点的,可用汉语拼音拼写,如:西安交通大学 Xi'an Jiaotong University。

5.1.5 例外情况

现用英文译名不符合前述规定,但已经约定俗成的,可沿用其习惯的译写方法。如:中山陵 Dr. Sun Yat-sen's Mausoleum。

……………

第2部分:交通

4 翻译方法和要求

4.1 道路交通信息

4.1.1 地名、交通标志中的道路交通设施名称的译写应符合 GB 5768.2—2009

中的3.7.1的要求，以及GB 17733的规定。对外服务中需要用英文对道路设施的功能、性质等予以解释的，高速公路译作Expressway，公路译作Highway，道路译作Road，高架道路译作Elevated Road，环路译作Ring Road。

4.1.2 国道、省道、县道用英文解释时分别译作National Highway、Provincial Highway、County Highway；但在指示具体道路时按照GB/T 917的规定执行，分别用“G＋阿拉伯数字编号”“S＋阿拉伯数字编号”“X＋阿拉伯数字编号”的方式标示，如312国道标示为G312。

4.1.3 预告性的警示警告、说明提示信息应用Ahead标明，如：前方学校School Ahead。

…………

4.2 公共交通信息

4.2.1 飞机场、火车站、轮船码头（港口）名称用作地名时，应符合GB/T 30240.1—2013中4.1.3的相关要求。对外服务中需要用英文予以解释的，飞机场译作Airport，火车站译作Railway Station，大型港口译作Port，客运码头、轮渡站译作Ferry Terminal或Pier，货运码头译作Wharf，装卸码头译作Loading/Unloading Dock。

4.2.2 飞机场内的航站楼译作Terminal。同一机场内有多座航站楼的，用“Terminal＋阿拉伯数字”的方式译写，如：1号航站楼译作Terminal 1（简作T1）。

4.2.3 飞机航班号、列车车次、轮船班次的译写，根据行业标准或惯例执行。轨道交通路线译作Line，具体线路用“Line＋阿拉伯数字”的方式译写。公共汽车线路译作Bus Route，指称具体公交线路时Route可以省略，直接用阿拉伯数字表示，如：公交63路译作Bus 63。

4.2.4 轨道交通和公共汽车站点名称用作地名时，应符合GB/T 30240.1—2013中4.1.3的相关要求，对外服务中需要用英文予以解释的，轨道交通站点译作Station，公共汽车始发站和终点站译作Terminal或Station，公共汽车沿途站点译作Stop。

4.2.5 厕所的译法参见GB/T 30240.1；设在飞机或列车上的厕所一般译作Lavatory。

…………

4.3 词语选用与拼写方法

英文词语选用和拼写方法应符合GB/T 30240.1—2013中5.3的要求，如行李可在Baggage或Luggage中任选一种译法，但在同一场所内应保持统一。

4.4　语法和格式

4.4.1　用交通工具名称指示乘车点或停车点方位的标志应用复数不用单数，如：Buses、Taxis、Coaches、Trucks。

…………

第3部分：旅游

4　翻译方法和要求

4.1　旅游景区景点名称

4.1.1　山、河、湖等地名应当使用汉语拼音拼写。对外服务中需要用英文予以解释的，“山”一般用 Mountain 或 Hill 解释；已经习惯使用 Mount 的可沿用。

4.1.2　寺、庙应区分不同的情况，采用不同的译法：佛教的寺，以及城隍庙、太庙等译作 Temple；清真寺译作 Mosque。

4.1.3　道教的宫、观译作 Daoist Temple。在特指某一宫、观时，Daoist 也可以省略，如：永乐宫 Yongle Temple，玄妙观 Xuanmiao Temple。

4.1.4　塔应区分不同的情况，采用不同的译法：佛塔译作 Pagoda；舍利塔译作 Stupa 或 Dagoba；其他的塔译作 Tower，如广播电视塔译 Radio and TV Tower。

4.1.5　亭、台、楼、阁、榭、阙等与专名一起使用汉语拼音拼写。根据对外服务的需要，可以后加英文予以解释。

…………

4.4　语法和格式

4.4.1　可数名词用在指示处所的标志里一般用复数形式，如：学生票购票窗口 Student Tickets、观光车乘坐点 Sightseeing Buses、油画柜台 Oil Paintings；用在指示实物的标志里一般用单数形式，如：学生票 Student Ticket、观光车 Sightseeing Bus、油画 Oil Painting。

4.4.2　泛指整个游览设施的名称不用复数，如：缆车 Cable Car、滑雪场缆车 Ski Lift。

…………

第4部分：文化娱乐

4　翻译方法和要求

4.1　文化场馆、娱乐场所和相关机构名称

4.1.1　博物馆、科技馆、纪念馆等均译作 Museum。文史馆应译作 Research Institute of Culture and History。

4.1.2 展览馆、陈列馆、展览中心等具有展示、陈列功能的场馆可译作 Exhibition Center 或 Exhibition Hall。

4.1.3 美术馆、艺术馆均译作 Art Gallery 或 Art Museum。画廊直接译作 Gallery。

4.1.4 电影院、电影厅、影都、放映公司及以放电影为主的影剧院均译作 Cinema。“影城”一般也译作 Cinema,特殊情况如规模特别大、或者有同名的电影院需要区分的可译作 Cinema City 或 Cineplex。

4.1.5 剧场、剧院、舞台、戏院、戏苑等均译作 Theater。

4.1.6 社区文化(活动)中心译作 Community Cultural Center。文化宫的“宫”可以沿用 Palace。

…………

第 5 部分:体育

4 翻译方法和要求

4.1 体育场馆名称

4.1.1 体育馆一般译作 Indoor Stadium 或 Gymnasium。

4.1.2 体育场应区分其不同的情况采用不同的译法:包括观众席在内的整个体育场译作 Stadium;面积较大,可用于足球、橄榄球、曲棍球、田径等比赛和训练的场地译作 Field;面积较小,仅用于篮球、网球等比赛和训练的场地译作 Court。

4.1.3 体育中心应区分其不同的规模采用不同的译法:大型体育中心译作 Sports Complex;中小型体育中心译作 Sports Center;社区体育活动场所可译作 Community Sports Center 或 Community Sports Ground。

4.1.4 水上运动场馆应区分不同的情况采用不同的译法。可用于游泳、跳水、水球等项目比赛训练的大型室内游泳场馆译作 Natatorium;一般的游泳池译作 Swimming Pool 或 Indoor Swimming Pool。

…………

第 6 部分:教育

4 翻译方法和要求

4.1 教育机构名称

4.1.1 规模较大的综合性大学译作 University。规模较小的学院应区分不同的性质采取不同的译法:通常译作 College 或 School;专科性较强的译作 Institute;艺术类学院及研究性教育机构译作 Academy;职业技术学院译作

Polytechnic College 或 Vocational and Technical College。

4.1.2 中小学用 School 翻译：中学译作 Middle School，初中译作 Junior Middle School，高中译作 Senior Middle School 或 High School，职业高中、中等专业或职业学校均译作 Vocational School；小学译作 Primary School；含小学和初中的九年一贯制学校直接译作 School；特殊教育类学校译作 Special School 或 Special Education School。

4.1.3 作为校外教育机构的青少年活动中心、基地等均译作 Youth Center；少年宫、青年宫的“宫”可以沿用 Palace。

4.1.4 成人教育体系中的业余大学、继续教育学院等译作 College of Continuing Education；社区学校译作 Community School。

4.1.5 通名的修饰或限定成分需译成两个及以上英文单词时，一般置于通名之后，用介词 of 或 for 连接，如：华东政法大学 East China University of Political Science and Law。修饰或限定成分只有一个英文单词时，可以置于通名之前，如：南京农业大学 Nanjing Agricultural University。

…………

第7部分：医疗卫生

4 翻译方法和要求

4.1 医疗卫生机构名称

4.1.1 医院译作 Hospital；诊所、防治所、卫生室、医务室等译作 Clinic；疗养院一般译作 Sanatorium，也可译作 Convalescent Hospital；护理医院一般译作 Nursing Home，也可译作 Nursing Hospital。

4.1.2 医院的分院译作 Branch Hospital，用 of 连接所隶属的总院名称；也可采用“总院名称，专名＋Branch”的译写方法，如：华山医院宝山分院 Huashan Hospital, Baoshan Branch。

4.1.3 大学附属医院需要译出隶属关系时，“附属”译作 Affiliated；也可省去不译，将大学名称置于医院名称之后，中间用“，”隔开。如复旦大学附属中山医院，可以译作 Zhongshan Hospital Affiliated with（或 to）Fudan University 或 Zhongshan Hospital (The Affiliated Hospital of Fudan University)，也可简译作 Zhongshan Hospital, Fudan University。

4.1.4 医保定点医疗机构译作 Medical Insurance Designated Hospital 或 Medical Insurance Designated Clinic；医保定点药房译作 Medical Insurance Designated Pharmacy。

…………

4.2 医疗服务信息

4.2.1 中医译作 Traditional Chinese Medicine，可以缩写为 TCM。

4.2.2 门诊部总称译作 Outpatient Department；急诊部总称译作 Emergency Department；门、急诊部的分科诊室一般译作 Department。住院部总称译作 Inpatient Department 或 Inpatient Ward；住院部的分科病房一般译作 Ward，也可译作 Department。如：门急诊部的血液科可译作 Hematology Department，住院部的血液科可译作 Hematology Ward 或 Hematology Department。

4.2.3 译写较大规模的门急诊部和住院部时可采用复数，如：门诊部 Outpatient Departments。

4.2.4 门、急诊部及其分科诊室名称中的 Department 在标志用于指示处所时可以省略，但在标志用于指示方位时应当译出，如血液科：在设置于血液科诊室门口的标志中可以简单译作 Hematology，但在设置于候诊区域指示血液科诊室所处方位的标志中则应完整译作 Hematology Department。

4.2.5 针对特殊疾病或特殊需求而设立的不同类别的门诊译作 Clinic，且不能省略。如：发热门诊 Fever Clinic、专家门诊 Expert Clinic，其中的 Clinic 不能省略。

…………

第8部分：邮政电信

4 翻译方法和要求

4.1 邮政电信机构名称

4.1.1 邮政局译作 Post Office；邮政支局译作 Branch Post Office；邮政代办所译作 Postal Agency。

4.1.2 邮政、电信的营业网点、窗口服务机构均可译作 Customer Service Center，如中国电信营业厅 China Telecom Customer Service Center。

4.1.3 其他邮政电信机构名称的译写应符合 GB/T 30240.1—2013 中 5.1 的各项要求。

…………

邮政电信机构名称英文译法示例见表 A.1。

表 A.1　邮政电信机构名称英文译法示例

序号	中文	英文
	（邮政类）	
1	中国邮政集团公司	China Post
2	邮局；邮政局；邮政所	Post Office
3	邮政支局	Branch Post Office
4	邮政代办所	Postal Agency
5	邮政流动服务点	Mobile Post Office
6	邮区中心局	Regional Mail Processing Center
7	邮政公司	Post Corporation
8	集邮公司	Philatelic Corporation
9	邮政报刊门市部	Newspapers and Periodicals
10	邮政报刊亭	Newsstand 或 News Kiosk
11	报刊发行站	Newspapers and Periodicals Distribution Center
12	社区邮政服务站	Community Postal Service
13	邮政快递社区服务站	Community Postal Express Service
14	村邮站	Postal Service Station
15	邮政速递物流公司	Postal Express and Logistics
16	快递公司	Courier Services Company〔Company 可以省略〕
17	物流公司	Logistics Company〔Company 可以省略〕
	（电信类）	
18	中国电信	China Telecom
19	中国移动	China Mobile
20	中国联通	China Unicom

第 9 部分：餐饮住宿

4　翻译方法和要求

4.1　餐饮业、住宿业服务场所和机构名称

4.1.1　酒家、酒楼、酒店、菜馆、餐馆、餐厅、饭庄、食府以及饮食店等仅提供餐饮服务的服务机构，一般译作 Restaurant。中文名称中含有“阁、轩、府、坊、村、廊”等的，视作专名的一部分，连同专名一起用汉语拼音拼写，如：清和轩 Qinghexuan Restaurant。

4.1.2　咖啡馆一般译作 Café，酒吧译作 Bar，茶馆译作 Teahouse。

4.1.3 宾馆以及提供住宿的酒店、饭店等译作 Hotel;经济型的连锁旅馆可译作 Motel 或 Inn。

4.1.4 其他餐饮业、住宿业场所和机构名称的译写应符合 GB/T 30240.1—2013 中 5.1 的各项要求。

....

餐饮业场所和机构名称英文译法示例见表 A.1。

表 A.1 餐饮业场所和机构名称英文译法示例

序号	中文	英文
1	餐馆;饭店;食府	Restaurant
2	餐饮广场;美食城	Food Court 或 Food Plaza
3	美食街	Food Street
4	火锅店	Hot Pot Restaurant[Restaurant 可以省略]
5	烧烤店	Grill House 或 Barbecue Restaurant[Restaurant 可以省略]
6	清真餐馆	Halal Restaurant 或 Halal Food[Halal 也可译作 Muslim]
7	快餐店	Snack Bar 或 Fast Food Restaurant[Restaurant 可以省略]
8	连锁快餐店	Fast Food Chain
9	饮食店;餐饮店;小饭馆	Eatery
10	食品店	Food Store
11	面馆	Noodle Restaurant 或 Noodles[用于 Restaurant 省略时]
12	小吃店	Snack Bar 或 Snacks
13	西餐馆	Western Food Restaurant[Restaurant 可以省略]
14	酒吧	Bar 或 Pub
15	小酒吧	Mini-Bar
16	咖啡馆;咖啡厅	Coffee Shop 或 Café
17	茶馆	Teahouse
18	茶室	Tearoom
19	面包房	Bakery
20	西饼屋	Pastry Store[Store 可以省略]或 Bakery

住宿业场所和机构名称英文译法示例见表 A.2。

表 A.2　住宿业场所和机构名称英文译法示例

序号	中文	英文
1	宾馆;酒店;旅馆	Hotel
2	连锁酒店	Chain Hotel
3	招待所	Guesthouse
4	客栈	Inn
5	快捷酒店	Budget Hotel
6	青年旅社	Youth Hostel

…………

第 10 部分:商业金融

4　翻译方法和要求

4.1 商业、金融业机构和场所名称

4.1.1　商业街、步行街应采用不同的译法:商业街译作 Commercial Street;步行街译作 Pedestrian Street。

4.1.2　主要功能为购物、餐饮和商业活动的大型场所或大楼、大厦译作 Plaza。如万达广场译作 Wanda Plaza,其中的“广场”不能译作 Square。

4.1.3　集购物、休闲、娱乐、餐饮等于一体,包括百货店、大卖场以及众多专业连锁零售店在内的商业中心译作 Shopping Mall 或 Shopping Center。

4.1.4　只针对货品进行分类销售、不具有休闲娱乐等多种功能的较小规模的商店、店铺译作 Store 或 Shop。除了 Barber Shop 等习惯用法或固定搭配,通常情况下 Store 和 Shop 可以互换使用。专卖店采用“品牌名＋Store”或“品牌名＋Shop”的体例译写,Store 或 Shop 也可省略。

4.1.5　银行译作 Bank,银行的分行译作 Branch,支行译作 Sub-Branch,营业部译作 Banking Center 或 Banking Department。

4.1.6　保险、证券、期货、财务管理与服务类的“公司”译作 Company 或 Corporation。通常情况下,Company 和 Corporation 可以互换使用,具体根据“名从主人”的原则选择使用。

4.1.7　其他商业、金融业机构和场所名称的译写应符合 GB/T 30240.1—2013 中 5.1 的各项要求。

第五单元　词类与结构转换

☞ 学习目的与要求

通过本单元的学习，学生应掌握英汉互译过程中的词类转换和结构转换的方法。

☞ 学习重点与难点

1. 词类转换
2. 兼动名词结构的翻译
3. 兼动形容词结构的翻译
4. “抽象名词＋of＋实体名词”结构的翻译
5. “to be(as) of＋抽象名词”结构的翻译
6. “代(名)词所有格＋抽象名词”结构的翻译

☞ 学习要点

词类转换：英语属印欧语系，汉语属汉藏语系。英汉两种语言在词汇和语法结构方面有许多不同，在大多数情况下英汉互译时很难将两种语言的词汇和结构一一对应。为了使译文符合汉语习惯，翻译时不必拘泥于原文表层结构，可以在忠实原文意义的前提下将原文中某些词的词类转换为其他词类。

结构转换译法：结构转换译法就是英语和汉语两种不同语言的生成、变化、转换规律在英汉翻译中的运用。这种规律既适用于英译汉，又适用于汉译英。

一、词类转换译法

（一）英译汉的词类转换

英译汉中词类转译的情况归纳起来有以下四种：转译成动词；转译成名词；转译成形容词；转译成副词。

1. 转译成动词

英语和汉语比较起来，汉语中动词用得比较多，这是一个特点，往往在英语句子中只用一个谓语动词，而在汉语句子中却可以几个动词或动词性结构连用。例如：He admires the President's stated decision to fight for the job.（他对总统声明为保住其职位而决心奋斗表示钦佩。）句中，英语的谓语动词只有admires一个词，其他用的是过去分词（stated）、动词派生名词（decision）、不定式（to fight）和介词（for）等。汉语没有词形变化，但可以几个动词连用。因此，英语中不少词类（尤其是名词、介词、形容词和副词）在汉译时往往可以转译成动词。

（1）名词转译成动词。

① 由动词派生的名词转译成动词，在政论文体中出现比较多。

【例 1】Rockets have found application for the exploration of the universe.

【译文】火箭已经用来探索宇宙。

② 含有动作意味的名词（在记叙、描写文体中出现较多）往往可以转译成动词。

【例 2】The sight and sound of our jet planes filled me with special longing.

【译文】看到我们的喷气式飞机，听见隆隆的声音，我感到心驰神往。

③ 英语中有些加后缀-er的名词，如teacher（教师）、thinker（思想家）等，有时在句中并不指其身份和职业，而是含有较强的动作意味，在汉语中没有恰当的对应名词时，往往可以译成动词。

【例 3】I am afraid I can't teach you swimming. I think my little brother is a better teacher than I.

【译文】我未必能教会你游泳。我想我的小弟弟比我教得好。

【例 4】Talking with his son, the old man was the forgiver of the young man's past wrong doings.

【译文】在和儿子谈话时，老人宽恕了年轻人过去所干的坏事。

④ 作为习语主体的名词往往可以转译成动词。

【例 5】They took a final look at Iron Mike，still intact in the darkness.

【译文】他们最后看了铁麦克一眼——它依旧安然无恙地耸立在黑暗中。

【例 6】The next news bulletin，shorter than usual，made no mention of the demonstration.

【译文】下一个新闻节目比通常短，没有提到游行。

（2）介词转译成动词。

【例 7】"Coming!" Away she skimmed over the lawn，up the path，up the steps，across the veranda，and into the porch.

【译文】"来啦!"她转身蹦着跳着地跑了，越过草地，跑上小径，跨上台阶，穿过凉台，进了门廊。

【例 8】I barreled straight ahead，across the harbor and out over the sea.

【译文】我笔直向前高速飞行，越过港口，飞临海面。

（3）形容词转译成动词。

英语中表示知觉、情欲、欲望等心理状态的形容词，在系动词后作表语用时，往往可转译成动词。如 confident、certain、careful、cautious、angry、sure、ignorant、afraid、doubtful、aware、concerned、glad、delighted、sorry、ashamed、thankful、anxious 等。

【例 9】Doctors have said that they are not sure they can save his life.

【译文】医生们说他们不敢肯定能否救得了他的命。

【例 10】The fact that she was able to send a message was a hint. But I had to be cautious.

【译文】她能够给我带个信儿这件事就是个暗示。但是我必须小心谨慎。

（4）副词转译成动词。

【例 11】That day he was up before sunrise.

【译文】那天他在日出以前就起来了。

【例 12】She opened the window to let fresh air in.

【译文】她把窗子打开，让新鲜空气进来。

2. 转译成名词

（1）英语中很多由名词派生的动词，以及由名词转用的动词，在汉语中往往不易找到相应的动词，这时可将其转译成汉语名词。

① 名词派生的动词。

【例 13】Formality has always characterized their relationship.

【译文】他们之间的关系，有一个特点，就是以礼相待。

【例 14】To them, he personified the absolute power.

【译文】在他们看来，他就是绝对权威的化身。

② 名词转用的动词。

【例 15】Most U. S. spy satellites are designed to burn up in the earth's atmosphere after completing their missions.

【译文】美国绝大多数间谍卫星，按其设计，是在完成使命后，在大气层中焚毁。

(2) 有些英语被动式句子中的动词，可以译成“受(遭)到……＋名词”“予(加)以＋名词”这类结构。

【例 16】Satellites, however, must be closely watched, for they are constantly being tugged at by the gravitational attraction of the sun, moon and earth.

【译文】由于经常受到太阳、月亮以及地球引力的影响，卫星活动必须加以密切的观察。

(3) 形容词转译成名词。

① 英语中有些形容词加上定冠词表示某一类的人，汉译时常译成名词。

【例 17】They did their best to help the sick and the wounded.

【译文】他们尽了最大的努力帮助病号和伤员。

【例 18】Robin Hood and his merry men hated the rich and loved and protected the poor.

【译文】罗宾汉和他的伙伴们痛恨阔人，热爱并保护穷人。

② 形容词可以译成名词。

【例 19】Stevenson was eloquent and elegant—but soft.

【译文】史蒂文森有口才、有风度，但很软弱。

【例 20】They were considered insincere.

【译文】他们被人认为是伪君子。

3. 转译成形容词

(1) 形容词派生的名词往往可以转译成形容词。

【例 21】The pallor of her face indicated clearly how she was feeling at the moment.

【译文】她苍白的脸色清楚地表明了她那时的情绪。

【例 22】The security and warmth of the destroyer's sick bay were wonderful.

【译文】驱逐舰的病室很安全也很温暖,好极了。

【例 23】He talked for some time with Bundy, and his questions reflected the enormity of his doubts.

【译文】他同邦迪谈了一会,他提出的问题反映出他很大的疑虑。

(2) 有些名词加不定冠词作表语时,往往可以转译成形容词。

【例 24】The blockade was a success.

【译文】封锁很成功。

【例 25】Independent thinking is an absolute necessity in study.

【译文】独立思考对学习是绝对必需的。

4. 其他词类转译

(1) 形容词与副词的互相转译。

① 英语名词译成汉语动词时,修饰该名词的形容词往往转译成汉语副词。

【例 26】It was a clear and unemotional exposition of the President's reasons for willing to begin a Chinese-American dialogue.

【译文】这篇发言清楚明白、心平气和地说明了总统希望开始中美对话的原因。

② 英语动词译成汉语名词时,修饰该动词的副词往往转译成形容词。

【例 27】He routinely radioed another agent on the ground.

【译文】他跟另一个地勤人员进行了例行的无线电联络。

【例 28】The President had prepared meticulously for his journey.

【译文】总统为这次出访做了十分周密的准备。

③ 由于英汉两种语言表达方式不同,还有一些英语形容词可译为汉语副词。

【例 29】This is sheer nonsense.

【译文】这完全是胡说。

【例 30】Buckley was in a clear minority.

【译文】巴克利显然属于少数。

(2) 名词与副词的互相转译。

① 名词转译成副词。

【例 31】The new mayor earned some appreciation by the courtesy of coming to visit the city poor.

【译文】新市长有礼貌地前来访问城市贫民，获得了他们的一些好感。

② 副词转译成名词。

【例 32】He is physically weak but mentally sound.

【译文】他身体虽弱，但思想健康。

（二）汉译英的词类转换

1. 汉语中的动词转换成英语中的名词

汉语中动词用得较多，除了动宾结构外，还有连动式、兼语式等两个动词以上连用的现象。英语则不然，一句话往往只有一个谓语动词，但英语中的名词比汉语中的名词用得多。基于两种语言的这一特点，在汉译英时常把汉语中的动词转换为英语中的名词。

【例 33】你必须好好地照顾病人。

【译文】You must take good care of the patient.

【例 34】他善于观察。

【译文】He is a good observer.

在上述两句中，“照顾”“观察”都是动词，但译成英语，则用的是名词 care 和 observer。不过，在翻译过程中，有时也要把汉语中的名词转换成英语的动词。

【例 35】他的演讲给我们的印象很深。

【译文】His speech impressed us deeply.

2. 汉语中的动词转换为英语的形容词

汉语中一些表示知觉、情感的动词，往往可以转译成英语形容词，通常用“be＋adj. . . .”的结构来表达。

【例 36】我为他的健康担忧。

【译文】I am worried about his health.

【例 37】我们对她所做的一切感到满意。

【译文】We are satisfied with what she did.

3. 汉语中的动词转换成英语的介词或介词短语

与汉语相比，英语用介词较多，而且有一些英语介词本身是由动词演变而来的，具有动词的特征。因此，在汉译英时，汉语中的动词常可用英语中的介词或介词短语来翻译。

【例 38】露西和莉莉上同一个学校。

【译文】Lucy and Lily are in the same school.

【例 39】我反对这项法律。

【译文】I am against the law.

4. 汉语中的形容词转化为英语中的名词

【例 40】你说他傻不傻?

【译文】Don't you think he is an idiot?

【例 41】他的生日宴会很成功。

【译文】His birthday party was a great success.

二、结构转换译法

(一) 兼动名词结构的翻译

英语兼动名词,亦称"动作名词"。兼动名词结构的常见形式是:兼动名词+介词+名(代)词,即 v.-n. +prep. +n.(pron.)。

在英汉翻译中,兼动名词结构可同汉语的动宾结构相互转换,即把英语的名词转译成汉语的动词,把介词后的宾语汉译成宾语,或把整个兼动名词结构译成汉语的动宾结构。

兼动名词结构翻译成汉语的动宾结构,不但不改变原文的意思,而且能使译文更加自然流畅。

兼动名词结构翻译有两大优点:① 把一个比较复杂的英语句子用极为简单的方法翻译出来,合乎逻辑,通顺自然;② 把其中的小品词比如像冠词、介词等都省略不译,简化翻译过程,无损原文。

英语兼动名词结构,如用在 be、have、give、make、take、keep、pay、put、lay、show、maintain、find、gain 等谓语动词之后,常可将这些谓语动词略去不译。当然也不是绝对的,有时译出来则更好,但是多数情况下可省译。

1. "there be+兼动名词"结构

带兼动名词结构的 there be 句型中,there be、冠词 a、兼动名词结构中的介词 of 均可省去不译,但是情态动词要译出意义来。

【例 42】*There* must *be* a *reformation* of the old educational system.

【译文】必须改革旧的教育制度。

【例 43】*There* must *be* a clear *recognition* of *the principles* of equality between states.

【译文】必须明确承认各国平等的原则。

2. "be+兼动名词"结构

在系动词"be+兼动名词"结构中，be 一般不译意义只表明时态，但具体译法视情况而定。

【例 44】It is a truth universally acknowledged that a single man in possession of a good fortune must be in *want* of *a wife*.

【译文】一个有钱的单身汉必定想娶个妻子，这是众所周知的事情。

【例 45】We *are enemies* of all *wars*, but above all of *dynastic wars*.

【译文】我们反对一切战争，特别是反对王朝战争。

3. "give+兼动名词"结构

谓语动词 give 位于兼动名词结构之前，通常可略去不译，把兼动名词前的形容词汉译成副词，作状语，其余部分译法大抵与前面相同。

【例 46】The book *gives*, as it were, *a sad picture* of the evil *old society*.

【译文】可以说，这本书悲哀地揭露了罪恶的旧社会。

【例 47】At banquet, Premier Zhu *gave a warm welcome* to *distinguished guests* from various countries.

【译文】宴会上，朱总理热烈欢迎各国贵宾。

【例 48】He promised to *give* his personal *attention* to *the matter*.

【译文】他答应亲自关注这件事。

4. "have+兼动名词"结构

兼动名词结构前的谓语动词 have 可略过不译，把兼动名词前的形容词汉译成副词，作状语，其余部分按顺序译出即可。

【例 49】He *has* a good *grip* on *the situation*.

【译文】他非常了解情况。

【例 50】The speaker *had a good knowledge* of *his subject*, but could not put it across.

【译文】报告人非常熟悉所讲问题，可就是讲不清楚。

【例 51】He *has a warm affection* for *his motherland*.

【译文】他深爱自己的祖国。

5. "make+兼动名词"结构

兼动名词结构前的谓语动词 make 可略过不译，兼动名词前的形容词可汉译为副词，作状语。

【例 52】He has *made* a systematic *study* of *English grammar*.

【译文】他系统地学习过英语语法。

【例 53】He showed with his eyes that he heard, but *made* no *sign* of *assent* or *dissent*.

【译文】他用眼神表示他是听见了，但没有表示同意还是不同意。

6. "take+兼动名词"结构

谓语动词 take 在兼动名词结构前可略过不译，把位于兼动名词之前的形容词汉译成副词，作状语。

【例 54】He *takes* great *pleasure* in *playing tennis*.

【译文】他特别喜欢打网球。

【例 55】As a result we are *taking* a close *look* at *many startling possibilities*.

【译文】最终我们将密切地注意那些可能发生的令人惊喜的事。

【例 56】Bill refused to *take* the *responsibility* for *the accident*.

【译文】比尔不承担那次事故的责任 。

7. "find+兼动名词"结构

谓语动词 find 在兼动名词结构前可略过不译，把位于兼动名词之前的形容词汉译成副词，作状语。

【例 57】I *find* great *satisfaction* in her *improvement*.

【译文】我非常满意她的进步。

【例 58】Rockets have *found application* for the *exploration of the universe*.

【译文】火箭已经用来探索宇宙。

8. "pay+兼动名词"结构

谓语动词 pay 在兼动名词结构前可略过不译，把位于兼动名词之前的形容词汉译成副词，作状语。

【例 59】Please *pay* more *attention* to *your work*.

【译文】请多加注意你的工作。

【例 60】He *pays* another *visit* to *Vienna*.

【译文】他再次访问维也纳。

9. "show+兼动名词"结构

兼动名词结构前的谓语动词 show 可省译，把兼动名词前的形容词汉译成副词，作状语。

【例 61】The author *showed* great *sympathy* towards *these people*.

【译文】作者非常同情这些人。

【例 62】The weather *showed no sign* of *clearing*.

【译文】天气看不出会放晴。

【例 63】His work is *showing signs* of *improvement*.

【译文】他的工作看来有起色。

10. "gain＋兼动名词"结构

兼动名词结构前的谓语动词 gain 可略过不译，把兼动名词前的形容词汉译成副词，作状语。

【例 64】The king *gained possession* of *more lands*.

【译文】国王拥有很多土地。

【例 65】From them all Mark Twain *gained* a keen *perception* of *the human race*, of *the difference* between what people claim to be and what they really are.

【译文】从所有这些人身上，马克·吐温敏锐地认识了人类，认识了人们言与行之间的差距。

11. 逻辑主语＋兼动名词

在兼动名词结构前加上名(代)词的所有格形式(n's)，就构成兼动名词结构的又一形式：名词(代词)所有格＋兼动名词结构，即 n. (pron.)'s＋v. -n. ＋prep. ＋n. (pron.)。这种结构中的名(代)词所有格可自然地汉译作兼动名词的逻辑主语，仍把英语兼动名词结构转换成汉语的动宾结构，这样正好就是汉语的主谓宾结构。

【例 66】*Parents' love* of *children* is perfect and minute.

【译文】父母爱子女无微不至。

【例 67】*Xu Beihong's drawings* (*paintings*) of *horses* are exceptionally good.

【译文】徐悲鸿画马画得特别好。

【例 68】His behavior merely reinforced *my dislike* of *him*.

【译文】他的行为更使我讨厌他。

【例 69】He showed *his appreciation* of *the time* and *effort* we put into the work by giving us advice and help.

【译文】他赞赏我们在这项工作上花的时间和精力，同时提出意见并给予了帮助。

（二）兼动形容词结构的翻译

兼动形容词是指兼有动词意义和特征的形容词。兼动形容词结构就是：兼动形容词＋介词＋名词（或代词），即 v.-a. ＋prep. ＋(pro)n. 。其翻译特点是把英语兼动形容词转译成汉语动词，与后面的介词词组直接构成汉语的动宾结构。

这类形容词短语结构常用在 be、become、seem 等系动词之后。如果系动词是 be、become，可撇开不管，直接把形容词汉译成动词；如果系动词是 seem，可译其含义，再把形容词译成动词，让 seem 作为状语，置于动词前。

【例 70】I *am content with* my wife.

【译文】我满意我的妻子。

【例 71】She *is envious of* your beauty.

【译文】她羡慕你的美丽。

【例 72】The government of my country *is* deeply *concerned at* the gravity of the situation there.

【译文】我国政府深切关注那里的严峻局势。

【例 73】We *are* highly *appreciative of* the efforts he has made to bring about the world peace.

【译文】我们高度赞赏他为实现世界和平所做的努力。

【例 74】It is impossible to live in society and *be independent of* society.

【译文】生于社会，不能脱离社会。

【例 75】She *seemed* too *ignorant of* the ways of the world.

【译文】她好像不太懂处世之道。

（三）“抽象名词＋of＋实体名词”结构的翻译

1. 抽象名词译成形容词作定语

抽象名词在这个结构中起着修饰、说明实体名词的作用，汉译时常转译成形容词，作实体名词的定语，即组成汉语的偏正结构，形成一个名词词组。

例如：

(1) the *beauty of* Qingdao 美丽的青岛

(2) the *hotness of* the sun 炎热的太阳

(3) the *highness of* prices 高昂的价格

(4) the *intensity of* sound 浑厚的声音

(5) the *loudness of* laughter 高声大笑(有时可省去“的”)

又如:

(1) *an eloquence of* lawyers 口若悬河的律师们

(2) *an obeisance of* servants 唯唯诺诺的仆人们

(3) *a giggle of* girls 嘻嘻哈哈的姑娘们

(4) *a consternation of* mothers 大惊小怪的妈妈们

(5) *a blunder of* boys 莽莽撞撞的小伙子们

【例 76】Through an undersea *snowstorm of* sand, the figure (=the figure of a ship) slowly appeared.

【译文】透过海底一阵暴风雨般的沙流,一个影子慢慢地出现了。

【例 77】The travelers ascended to their respective bedrooms, to prepare *a change of* clothing, to take with them on their approaching expedition.

【译文】大家各自回到了房间,准备带上旅行路上换穿的衣服。

2. 抽象名词译成形容词作谓语

抽象名词译成形容词,放在实体名词之后作谓语,形成汉语的主谓结构。

【例 78】The hard facts have shown *the objectivity* and *correctness of the report*.

【译文】铁的事实表明了这个报告是客观的、正确的。

【例 79】We are deeply convinced of *the correctness of the Party's policy*.

【译文】我们深信党的政策是正确的。

【例 80】The incident showed *the stupidity of his attitude*.

【译文】这件事说明他的态度是愚蠢的。

(四)“to be (as) of+抽象名词”结构的翻译

在这个结构中,常用 great、vital、immense、tremendous、considerable、permanent、no、some、any、much、more、little、first、equal、same 等形容词来修饰抽象名词,加强语气。这个结构中的抽象名词,汉译时可以译作名词,也可以转译成形容词,作表语或补语。

【例 81】We *regard* that conclusion *as of great importance*.

【译文】我们认为结论是具有重要意义的。

【例 82】It is *of no avail* to say such a thing.

【译文】现在说这样的话是没有用的。

【例 83】That would be *of permanent value* to them throughout the lives.

【译文】这对他们一生都是有好处的。

（五）“代（名）词所有格＋抽象名词”结构的翻译

这种结构通常都要转译成汉语的主谓结构，即把抽象名词转译成形容词作谓语，把代（名）词所有格转译成主语，当然也可以译作名词，这要看哪种更合乎汉语表达习惯。

【例 84】His words and deeds testify to *his honesty*.

【译文】他的言行证明他是诚实的。（他的言行证明他的诚实。）

【例 85】After having had a talk with him, she seemed inclined to believe *his innocence*.

【译文】他的一席话，让她似乎感到他是清白的。

以上几种结构，到底在英汉互译时用哪种好，要依照上下文的具体情况而定。要考虑怎样转换才能求得切近原文本意的相对等值；怎样转换才能顺应译语的语言特点和表达习惯。要把握好这两条准则，认真对待原文的词汇意义、词语结构、修辞手段、表达方式，在准确翻译的基础上求其形似、神似。

课外拓展

CATTI 笔译考试词汇必备

文化类(1)

1. 无为而治 letting nature take its own course/govern by noninterference
2. 乡土文化 native culture
3. 炎黄子孙 a Chinese descendant/the Chinese nation
4. 以德行仁 practice humanity with virtue
5. 源远流长 have a long history
6. 中国意识 Chineseness
7. 中国元素 Chinese elements
8. 中庸之道 doctrine of the mean
9. 二十四节气 24 solar terms
10. 民间工艺品 folk arts and crafts
11. 文化多样性 cultural diversification
12. 文化软实力 cultural soft power
13. 传统文化知识 traditional cultural know-how

14. 对外文化贸易 international cultural trade

15. 思想道德建设 raise ideological and ethical standards

16.《四库全书》*Complete Works of Chinese Classics*

17. 文化产业基地 cultural industrial base

18. 文化传播渠道 channels of cultural transmission

19. 文化创意产业 cultural creative industry

20. 文化体制改革 reform of cultural administrative system;cultural restructuring

21. 骨干文化企业 leading/key cultural enterprises

22. 文化资源整合 integration of cultural resources

23. 新兴文化业态 emerging cultural formats

24. 改造落后的文化 transform the backward culture

25. 世界文化遗产地 world cultural heritage site

26. 弘扬民族优秀文化 advance and enrich the fine cultural heritage of the nation

27. 文化下乡长效机制 long-term mechanism for developing culture in rural areas

28. 重大文化产业项目 major cultural industrial projects

29. 国家一类文物保护单位 cultural relics/units under first-grade state protection

30. 吸收外国文化有益成果 absorb the achievements of foreign cultures

31. 修身、齐家、治国、平天下 self-cultivation, a well-managed family, and the ability to administer the state and to bring peace to the nation

32. 天干地支 Heavenly Stems and Earthy Branches

33. 天人合一 unity of man and nature

34. 天下为公 the world or country for all

35. 文化宝藏 cultural treasures

36. 文化产业 cultural industry

37. 农耕文化 farming culture

38. 善养浩气 skillful in nourishing virtual force

39. 慎言敏行 diligent in duties and careful in speech

40. 十二生肖 Chinese Zodiac

41. 思维方式 the way of thinking

42. 文化创新 cultural innovation
43. 文化事业 cultural undertakings
44. 文化视点 cultural perspective
45. 文化需求 cultural needs
46. 文化摇篮 cradle of culture
47. 文化遗迹 cultural relics
48. 文化重建 cultural reconstruction
49. 文化自觉 cultural awareness
50. 八股文 eight-legged;official stereotyped writing

考研翻译真题演练

2011 年考研翻译真题

Read the following text carefully and then translate the underlined segments into Chinese.

With its theme that "Mind is the master weaver," creating our inner character and outer circumstances, the book *As a Man Thinking* by James Allen is an in-depth exploration of the central idea of self-help writing.

(1) Allen's contribution was to take an assumption we all share—that because we are not robots we therefore control our thoughts—and reveal its erroneous nature. Because most of us believe that mind is separate from matter, we think that thoughts can be hidden and made powerless; this allows us to think one way and act another. However, Allen believed that the unconscious mind generates as much action as the conscious mind, and(2) while we may be able to sustain the illusion of control through the conscious mind alone, in reality we are continually faced with a question: "Why cannot I make myself do this or achieve that?"

Since desire and will are damaged by the presence of thoughts that do not accord with desire, Allen concluded: "We do not attract what we want, but what we are." Achievement happens because you as a person embody the external achievement; you don't "get" success but become it. There is no gap between mind and matter.

Part of the fame of Allen's book is its contention that "Circumstances do not make a person, they reveal him."(3) This seems a justification for neglect of those in need, and a rationalization of exploitation, of the superiority of those at the top and the inferiority of those at the bottom.

This, however, would be a knee-jerk reaction to a subtle argument. Each set of circumstances, however bad, offers a unique opportunity for growth. If circumstances always determined the life and prospects of people, then humanity would never have progressed. In fact, (4) circumstances seem to be designed to bring out the best in us and if we feel that we have been "wronged" then we are unlikely to begin a conscious effort to escape from our situation. Nevertheless, as any biographer knows, a person's early life and its conditions are often the greatest gift to an individual.

The sobering aspect of Allen's book is that we have no one else to blame for our present condition except ourselves. (5) The upside is the possibilities contained in knowing that everything is up to us; where before we were experts in the array of limitations, now we become authorities of what is possible.

自主学习

中式菜名英译问题与对策(1)

中式菜名的翻译为不懂中文的外籍人士在酒店、饭店等地方就餐提供了方便。目前,中式菜名的英文翻译有很多不尽如人意之处。原因主要在于,翻译的原则和方法不够清晰准确。针对这种情况,本文总结出中式菜名翻译的典型问题并提出对策。

1 引言

为了迎接北京奥运会,2008 年北京市民讲外语活动组委会颁布了《北京市餐饮业菜单英文译法(讨论稿)》(简称《译法》)并向社会进行了公示。应该说,该讨论稿给中式菜名翻译提供了一个较好的技术支持。然而,该文件之所以称为"讨论稿",也说明其并非尽善尽美。

首先,中国多种菜系中的菜品总数大大超过《译法》所包括的数目;其次,《译法》中很多菜名的翻译本身也有某些值得商榷之处。纵观国内学术界近年来对中式菜名英译的研究,有些是从文化差异和译者文化身份的角度进行的;有些则关注某种翻译理论(如交际理论)在菜名翻译上的应用;还有些研究将焦点集中在具体的翻译方法(如直译、意译)方面。然而,笔者经过对这些研究文献的仔细阅读后发现,绝大多数该领域的研究都是站在源语的立场上进行的,基本没有考虑过外籍人士的接受问题。有鉴于此,本文通过分析目标人群对于菜名所需要获取的信息展开分析,陈述翻译时遇到的问题并提出解决策略。

2 中式菜名英译出现的问题

无论是在古代还是现代、东方还是西方,饮食,作为人类生存的必要前提,在人类社会发展和文明进步中起着不可替代的作用。中国的饮食文化在中国文化中的地位尤其重要。作为贯穿于悠久饮食文化的一条线索,中式菜名生动地反映了林林总总的原料名称、烹制方法、菜肴的色香味形,而且菜肴的创始人或发源地、吉祥语等也大量出现在菜名中。

根据对一些在中国生活、工作的外籍人士进行的采访、问卷调查结果,笔者发现他们对菜单上的英文菜名所包含信息的期待依次是:食材的性质、烹饪方法、味道和口感。在现今这个文化交流日益频繁的时代,将中式菜名翻译成准确、优美、蕴含中国文化的英文名称,对于促进不同国家的人民之间的文化交流有着重要意义。然而,在当今的学术界,极少有人以菜单的翻译为对象进行学术研究,因为大家普遍认为学术研究的目标应该是比较"严肃"的主题。人们可以非常容易地看到很多有关中国菜的书籍,但却很少发现有关中国菜的英文研究资料。

文化翻译理论是以文化为切入点对翻译活动进行研究的理论。它是一门新学科,也是国内外翻译研究的趋势。翻译不仅是两种语言之间的转换,也是两种文化之间的转换,这种跨文化翻译就是文化翻译理论的基本观点。由于文化不同,翻译过程出现了种种问题。

2.1 字面翻译

在笔者阅读的有关中式菜名翻译的论文中,往往会出现对某些中式菜名误译的批评。例如:"红烧狮子头"译成"fried lion's head"(烧红了的狮子头),"龙虎斗"译成"dragon and tiger fight","叫花鸡"译成"beggar's chicken","四喜丸子"译成"four glad meatballs"(四个高兴的肉团),等等。上述错误翻译的一个共同特点是采用了直接字面翻译菜名的翻译方法。这样的翻译会让读者产生误解,误认为这道菜品中含有狮子、老虎等。一般此类错误的产生原因是相关人员为了省事或者节省成本,没有聘请专业人员进行翻译,凭汉英词典或网络翻译敷衍而成。

2.2　过度翻译

中国文化博大精深，一个菜名往往可以令人联想到多种方面，包括各地文化底蕴，如：语言、文化、传统等。在英译的过程中想要表达这个菜名的全部内容时即会造成过度翻译。例如："全家福"翻译为"a combination of shrimps, pork, beef, chicken and mixed vegetables with sauce"。它使得整个菜名过于繁琐并且没有给出目标人群所要获取的信息。这样的翻译方法不但繁复而且不能完全展现原文的文化内涵。

2.3　选词不当

汉语中很多字词都有多种含义，这在菜名中也有体现，如果译者不能准确了解某些词在这些特殊语境下的含义，就会造成翻译用词的不当，甚至闹出笑话。比如"童子鸡"被翻译成"chicken without sexual life"，"腐竹"被译为"death of bamboo"(腐烂的竹子)，口水鸡被翻译成"slobbering chicken"。试问这样的菜有几个外国人敢尝试呢？

3　中式菜名英译原则

由于菜名的翻译要跨越语言和文化上的双重障碍，想要让英美人士理解并接受中国菜名，必须遵循一些相关原则。

3.1　避虚就实原则

在许多星级宾馆的菜谱上都有一些寓意深远的"文化菜名"(culturally loaded dish names)，它们中的相当一部分是不可译的，它们通过比喻、联想的方式融合了动植物名称、自然景物甚至成语典故，其独特的文化含义是西方人无法解读的。在这种情况下，通常的做法是避虚就实，将实质性的菜名理据英译，损失其中的一些文化含义 。例如："百鸟归巢"实际上是鸡腿、猪肉、鹌鹑蛋加上竹笋丝的组合，鸡腿、猪肉、鹌鹑蛋象征"百鸟"，竹笋丝表示"巢"。要对等翻译的话，解释上要下一番功夫，而且不符合译名的规范，所以最好根据菜名组合实译为"chicken and pork with egg and bamboo shoots"。由于这些高雅的联想与另一种语言文化是无法相融的，英译的原则即实译。

3.2　舍繁就简原则

与西餐菜名相比，中式菜名显得过于冗长繁杂，翻译后很难被外国人接受，因此翻译时不必逐字翻译，应力求简明扼要。有的菜名并不强调烹调方式，或者根据主配料的搭配可知其烹制程序，翻译时可将其省去。例如"莲子薏米炖鸭汤"可译成"duck soup with lotus seeds and barley"，省去"stewed"(炖)，因为汤本来就是"炖"出来的。同样的道理，有些英译菜名可省去调料，甚至可省去配料。如“蒜蓉猪红拌时蔬”菜名太复杂，在翻译时可把“蒜蓉”省去，用“spiced”表示其部分语义，译为“spiced pig's blood with vegetables”。

4　特殊英译策略

对于某些特殊的中式菜名，翻译时还可以运用一些特殊的英译策略。

4.1　音译异化法

有一些和人名、地名有关的中式菜肴，本身的知名度和在西方世界的知名度都比较高，这样的菜名翻译多使用音译异化翻译提及的人名、地名。例如：北京烤鸭(Beijing roast duck)、东坡肉(Dongpo braised pork)等。音译异化的翻译策略主要考虑到对文化因素的保留，这种保留往往是出于对文化传统的尊重做出的。在这一点上，应该说菜名的音译在翻译实践中已经获得了很大的成功，尤其是英译汉：“肯德基”(Kentucky)、“三明治”(sandwich)、罗宋汤(borsch)等菜名的汉译就是较好的参照。

4.2　固定翻译法

在中式菜名的翻译方面，确实有很多保存中式菜名的原有风格的例子。例如：官保鸡丁(Kung Pao chicken)，麻婆豆腐(Mapo tofu)，馄饨(wonton)，春卷(spring roll)，炒面(chow mein)等。上面提到的这些中式菜肴已经为很多外国人所熟悉，在国外的很多中餐馆中都可以吃到，所以保留其最早的固有翻译方式即可。

4.3　图片辅助法

在无法避免一些问题情况下，可以采用图片辅助文字的方式进行翻译，以最直观明了的方式告知目标人群菜品的性质。从这个基础方法出发，外籍人士就可以通过图片和文字两方面的信息来了解一道中国菜肴的材料和烹饪方法，即使是翻译上有所偏差，他们也可通过图片来决定是否需要这道菜，从而满足了他们最基本的文化理解需求。

5　结语

中式菜名的翻译首先要考虑的是外籍人士的理解和接受，在所翻译的信息里面，菜肴的食材和烹饪方法是第一位的，其次是口感。而文化因素的传达并不是首要考虑的因素。中式菜名的英译是一个不断实践和探索的过程。随着人们生活水平的提高、饮食结构的改变以及中西餐融合趋势的增强，传统中式菜的命名方式将发生变化，由此会给其英译带来诸多不确定性因素。但只要我们恪守一些基本原则，就能够不断提高译名的质量。在具体的翻译策略方面，大多数的中式菜肴可以用直译、归化的方式处理，也有一部分外国人熟悉的，或者具有厚重的历史文化传统的菜肴名称需要采用异化的翻译策略或者直接沿用固定译法。此外，使用图片加文字的形式对中式菜名进行翻译也是一个不错的辅助办法。

中式菜名英译问题与对策(2)

中国菜肴虽按地域划分为八大菜系，但各系菜命名却具有相似的理据。一般来说，一道中式菜的名称主要包含主料、配料、刀法和烹调方式四个方面。从语法结构来看，菜名绝大多数为偏正词组，分别以名词为中心词表示主料、刀法形状，以表示烹调方法、配料和调料的词构成修饰结构。以家常菜"辣子炒鸡丁"(stir-fried chicken cubes with pepers)为例，主料"鸡丁"为中心词，配料"辣子"及烹饪方式"炒"为修饰结构。中国菜的命名模式和构词方式使菜名的英译有规可循、有据可依。

1　中式菜的特征

(1) 中国菜含有的元素：营养(nutrition)，口味(flavor)，地区(regionalization)，多样化(variety)和民俗(folk-custom)。

(2) 中华美食的烹饪判断标准有三大要素：色(color)、香(aroma)、味(taste)，其中味是最重要的。

(3) 五味(five flavors)：酸(sour)，甜(sweet)，苦(bitter)，辣(spicy)，咸(salty)。

(4) 烹饪技巧(cooking techniques)：煮(boil)，蒸(steam)，煲/炖(stew)，烧/焖/烩(braise)，煎(fry)，炒(stir-fry)，爆(quick-fry)，炸(deep-fry)，烘(bake)，熏(smoke)，烤(roast or barbecue)，切/削(cut)，切片(slice)，切丝(shred)，切碎(mince)，切丁(dice)，切柳(fillet)，去骨(bone)，去皮(skin/peel)，刮鳞(scale)，剁末(mash)，刻/雕(carve)，酿/塞(stuff)，腌(salt/pickle)，浸/泡(marinate)，去壳(shell)，刨丝(grate)等。

2　英译技巧

2.1　确定中心词

中式菜一般按主料分为肉类(meat)、素菜类(vegetarian dishes)和汤类(soup)，英译时将主料名称译成相应的中心词。值得注意的是中国厨师擅长使用各种刀法(如切、剁、劈、剔)将鸡鸭鱼肉和蔬菜水果加工成不同形状：块、条、片、丁、丸、卷、丝、末、泥。它们与主料名称一起构成中心词来体现主料的形状，从而展现菜肴的美感和技艺。例如：羊肉片(mutton slices)，鱼块(fish fillets)，猪肉丝(pork shreds)，鸡丁(chicken cubes)，肉丸(meat balls)，蛋卷(egg rolls),牛肉末(beef mince)。表示刀法的词可译成动词的过去分词形式。如:鱿鱼丝(shredded squid),鹅肉丁(diced goose),牛百叶(sliced ox tripe),肉末(minced meat)。此外,还有一些用炊具作中心词的菜名,尤其是时下流行的煲类菜,可译成 hot pot 或音译为 huoguo(火锅)。

在确定中心词后,接着选择表示烹调方式、调料和配料的词作修饰结构,从而把汉语的偏正词组转化为英语的名词短语。

2.2 过去分词前置修饰语

中式菜的烹调方式繁多,主要有煎、炒、炸、烹、烧、烤、焖、炖、煨、蒸、酱、拌、熏、腌。英译时的一般原则是用该动词的过去分词形式来翻译,它在菜名中作前置修饰语。如:

炸鸡卷 fried chicken rolls

红焖肘子 braised pork joint

清炖甲鱼 steamed turtle

干炒牛肉丝 stir-fried beef shreds

叉烧肉 barbecued pork

盐水大虾 salted prawns

涮羊肉 instant boiled mutton

2.3 过去分词词组作后置修饰语

酒烤香肠 sausage roasted in wine

红烧肉 pork braised in brown sauce

姜汁松花 eggs preserved in ginger sauce

烤羊肉串 mutton cubes roasted on spit

鸭焖海参 duck stewed with sea cucumber

2.4 介词短语作后置修饰语

中式菜绝大多数主料、配料和调料都十分明确。翻译时大多用 with 表示配料、in 表示调料构成后置修饰语修饰中心词(主料)。如:

青豆虾片 prawn slices with green beans

松子黄鱼 yellow croaker with pine nuts

陈皮牛肉 beef with orange peel

鲜菇扒鱼柳 fish fillets in mushroom sauce

蚝油菜心 green cabbage in oyster sauce

2.5　前置修饰语与后置修饰语并用

有些中式菜名组合成分复杂，其构成含主料、配料、调料及烹调方式等，翻译时既要用前置修饰语也要用后置介词短语修饰语。如：

炝腰花泡菜 boiled kidney with pickled vegetables

焗烤桂花鱼 baked mandarin fish in foil

番茄汁填鸭 stuffed duck with tomato sauce

鱼露白肉 boiled pork in anchovy sauce

荷叶燕鸡 steamed chicken wrapped m lotus leaves

3　翻译的方法

3.1　以主料为主、配料为辅的翻译方法

3.1.1　菜肴的主料和配料

主料(名称/形状)＋with＋配料。

如：白灵菇扣鸭掌 mushrooms with duck webs。

3.1.2　菜肴的主料和配汁

主料＋with/in＋汤汁(Sauce)。

如：冰梅凉瓜 bitter melon in plum sauce。

3.2　以烹制方法为主、原料为辅的翻译方法

3.2.1　菜肴的做法和主料

做法(动词过去分词)＋主料(名称/形状)。

如：火爆腰花 sautéed pig kidney。

3.2.2　菜肴的做法、主料和配料

做法(动词过去分词)＋主料(名称/形状)＋配料。

如：地瓜烧肉 stewed diced pork and sweet potatoes。

3.2.3　菜肴的做法、主料和汤汁

做法(动词过去分词)＋主料(名称/形状)＋with/in＋汤汁。

如：京酱肉丝 sautéed shredded pork in sweet bean sauce。

3.3　以形状、口感为主、原料为辅的翻译方法

3.3.1　菜肴形状或口感以及主配料

形状/口感＋主料。

如：玉兔馒头 rabbit-shaped mantou；

脆皮鸡 crispy chicken。

3.3.2　菜肴的做法、形状或口感、做法以及主配料

做法(动词过去分词)＋形状/口感＋主料＋配料。

如:小炒黑山羊 sautéed sliced lamb with pepper and parsley。

3.4　以人名、地名为主,原料为辅的翻译方法

3.4.1　菜肴的创始人(发源地)和主料

人名(地名)＋主料。

如:麻婆豆腐 Mapo tofu (sautéed tofu in hot and spicy sauce);

广东点心 Cantonese dim sum。

3.4.2　介绍菜肴的创始人(发源地)、主配料及做法

做法(动词过去式)＋主辅料＋人名/地名＋style。

如:北京炒肝 stewed liver, Beijing style;

北京炸酱面 noodles with soy bean paste, Beijing style。

3.5　体现中国餐饮文化,使用汉语拼音命名或音译的翻译方法

3.5.1　具有中国特色且被外国人接受的传统食品,本着推广汉语及中国餐饮文化的原则,使用汉语拼音

如:饺子 jiaozi;

包子 baozi;

馒头 mantou;

花卷 huajuan;

烧卖 shaomai。

3.5.2　具有中国特色且被外国人接受的,使用地方语言拼写或音译拼写的菜名,仍保留其拼写方式

如:豆腐 tofu;

宫保鸡丁 Kung Pao chicken;

杂碎 chop suey;

馄饨 wonton。

3.5.3　中文菜肴名称无法体现其做法及主配料的,使用汉语拼音,并在后标注英文注释

如:佛跳墙 Fotiaoqiang—steamed abalone with shark's fin and fish maw in broth;

锅贴 guotie(pan-fried dumplings);

窝头 wotou(steamed corn bun);

蒸饺 steamed jiaozi(steamed dumplings)；

油条 youtiao(deep-fried dough sticks)；

汤圆 tangyuan(glutinous rice balls)；

粽子 zongzi(glutinous rice wrapped in bamboo leaves)；

元宵 yuanxiao(glutinous rice balls for lantern festival)；

驴打滚儿 lǘdagunr—glutinous rice rolls stuffed with red bean paste；

艾窝窝 aiwowo(steamed rice cakes with sweet stuffing)；

豆汁儿 douzhir(fermented bean drink)。

3.6　可数名词单复数使用原则

菜单中的可数名词基本使用复数，但在整道菜中只有一件或太细碎无法数清的用单数。

如：蔬菜面 noodles with vegetables；

葱爆羊肉 sautéed lamb slices with scallion。

3.7　介词 in 和 with 在汤汁、配料中的用法

3.7.1 如主料是浸在汤汁或配料中时，使用 in 连接

如：豉汁牛仔骨 steamed beef ribs in black bean sauce。

3.7.2　如汤汁或蘸料和主料是分开的，或是后浇在主菜上的，则用 with 连接

如：海鲜乌冬汤面 Japanese noodle soup with seafood。

4　酒类的译法

进口酒类的英文名称仍使用其原英文译法，国产酒类以其注册的英文为准，如酒类本身没有英文名称的则使用其中文名称的汉语拼音。

中式菜名的英译是一个不断实践和探索的过程。随着人们生活水平的提高、饮食结构的改变以及中西餐融合趋势的增强，传统中式菜的命名方式将发生变化，由此会给其英译带来诸多不确定因素。但只要我们恪守一些基本原则，遵循一定的方法，就能够不断提高译名的质量。

第六单元　增补与省略

☞ 学习目的与要求

通过本单元的学习，学生应掌握增补和省略在英汉互译中的运用方法和技巧。

☞ 学习重点与难点

1. 增补译法

(1) 译形容词时增加副词；

(2) 译抽象名词时增加具体名词；

(3) 译抽象名词时增加另一个抽象名词；

(4) 译名词复数时增加表示门类、数量概念的词；

(5) 补译省略部分；

(6) 补译替代部分；

(7) 补译解释说明；

(8) 根据语气增词；

(9) 据语境增词；

(10) 根据逻辑修辞增词

2. 省略译法

(1) 冠词的省译；

(2) 代词的省译；

(3) 名词的省译；

(4) 动词或系动词的省译;

(5) 介词的省译;

(6) 连词的省译;

(7) 短语或句子的省译

☞ 学习要点

一、增补译法

增词不增意是增补译法的原则,即所增之词,其意义虽然在原文字面上没有清楚地表现出来,但却隐藏在原文中,故增补译法并未违背忠实原则。

(一) 增补译法在英译汉中的运用

1. 译形容词时增加副词

翻译形容词时前面可加上一个表示程度的副词如“比较”“非常”“十分”“实在”“相当”等,但这些词并不起强调或加强语气的作用,也没有比较关系,只起缓和或协调语气的作用。

【例 1】The park is *beautiful*.

【译文】这公园美(很美,非常美,十分美,相当美)。

像这类形容词前加上“比较”“非常”“十分”等词,在讲话、朗读时语气要自然一些,读音不可拖长,音拖长了意思也就改变了。

【例 2】It is *fitting* that we should remember him on his birthday.

【译文】我们在他的诞辰之日来纪念他是比较合适的。

其他例子有:

suitable 适应→比较适应;

warm 热情→非常热情;

courageous 勇敢→非常勇敢;

kind 善良→十分善良;

lovely 可爱→十分可爱;

witty 高明→实在高明;

disgusting 讨厌→实在讨厌;

satisfied 满意→相当满意。

2. 译抽象名词时增加具体名词

在抽象名词后常增加上另一个名词来说明这个抽象名词,如“状态”“状况”

“情况”“工作”“过程”“作用”“现象”“情绪”“方式”“方法”“技巧”“问题”“部分”“原因”“方案”“系统”“部门”等,但要视情况而定。

【例 3】It is enough to shatter *complacency*.

【译文】足以打破自满情绪。

其他例子有:

stillness 静止→静止状态;

confusion 混乱→混乱局面;

measurement 测量→测量方法;

purification 净化→净化过程;

repetition 重复→重复现象;

management 管理→管理方式;

calculation 计算→计算方法;

accommodation 住宿→住宿问题;

joint 连接→连接部分;

saturation 饱和→饱和状态;

preparation 准备→准备工作;

remedy 补救→补救措施;

modification 修改→修改方案。

3. 译抽象名词时增加另一个抽象名词

在抽象名词后面跟上另一个抽象名词来加强语气,强调说明前一个名词,两个名词互相解释。

【例 4】Use your *intelligence*, and you're sure to achieve something.

【译文】发挥你的聪明才智,你一定能取得成就。

其他例子有:

zealousness 热情→热情大方;

thought 思想→思想意识;

morality 道德→道德品质;

pride 骄傲→骄傲自大;

tediousness 枯燥→枯燥无味;

contemptibility 卑鄙→卑鄙无耻;

silence 沉默→沉默寡言;

leisure 闲情→闲情逸致;

calmness 坦然→坦然自若；

cautiousness 谨慎→谨慎小心。

4. 译名词复数时增加表示门类、数量概念的词

可数名词是复数形式时，可根据具体情况增加表示门类、数量概念的词。这些概念词常是“们”“一些”“许多”“这些”“那些”“各种”“各类”“各项”“几个”等。

【例 5】We admire him for the way in which he faces his *difficulties.*

【译文】我们赞赏他面对各种困难的做法。

其他例子有：

activities 活动→各种活动；

samples 样品→各种样品；

types 型号→各种型号；

problems 问题→这些问题；

contradictions 矛盾→这些矛盾；

books 书籍→各类书籍；

sizes 尺寸→各类尺寸；

contents 内容→各项内容；

targets 指标→各项指标；

circumstances 情况→种种情况；

causes 原因→种种原因。

5. 补译省略部分

原文为使语言简洁，避免重复而省掉了一个或几个词、词组，汉译时补译出原文所省略之词，会使译文意思清楚明确、生动有力，具有行文优美、结构完整之感。

【例 6】Besides food and blankets, they *had* mules, picks and pans.

【译文】除了带着食物和毯子之外，他们还牵着骡子，扛着铁锨，带着淘盘。

【例 7】Reading *makes a full man*; conference *a ready man*; and writing *an exact man.*

【译文】读书可以培养一个完美的人，说话可以训练一个敏捷的人，而写作可以造就一个准确的人。

【例 8】The Chinese people still keep their conventional way to celebrate the Spring Festival; a whole family gathering on New Year's Eve *make dumplings* and *fire crackers.*

【译文】中国人仍以传统的方式迎新春，除夕之夜全家人聚在一起包饺子、放鞭炮。

【例 9】Studies serve *for delight*, *for ornament*, and *for ability*. Their chief use for delight *is in* privateness and retiring; for ornament, *is in* discourse; and for ability, *is in* the judgment and disposition of business.

【译文】读书足以怡情，足以博采，足以长才。其怡情也，最见于独处幽居之时；其博采也，最见于高谈阔论之中；其长才也，最见于处世判事之际。

6. 补译替代部分

原文为了避免重复，常在表达中使用代词来代替前面出现的有关信息，英译汉时可重复补译出代词所代替的信息，这样使前后照应，表达一致。

【例 10】The moon seemed to sink, a crest reached and lost, and he watched *it*, catching the edge against the window, to try to hold *it*, but felt *it* pass.

【译文】月亮像要落了，碰到了一座山顶，又隐没了。他凝视着月亮，用手触摸着映在窗上的光边，想把它攥住，但是感到月亮从他手指缝里溜走了。

【例 11】Know the true value of time; snatch, seize, and enjoy *every moment of it*.

【译文】知道时间的真正价值。才能争取每一刻，抓住每一刻，享受每一刻。

7. 补译解释说明

英译汉时若按字面译，有时会让人看不明白，甚至产生误解，这时增加一些必要的解释性文字作为补充说明，可以使句意表达完整。

【例 12】I never told my love vocally; still, *if looks have language*, the merest idiot might have guessed I *was over head and ears*.

【译文】我从没有把自个儿的爱情说出口，如果眉目也能传情，那么即便是白痴也能看出，我已沉溺在爱河里，都淹没了头顶。

【例 13】In April, there was *the* "*ping*" heard around the world. In July, the ping "*ponged*".

【译文】四月里，全世界听到中国"乒"的一声把球打了出去(乒乓外交)；到了七月，美国"乓"的一声把球打了回来。

8. 根据语气增词

出于行文考虑，英译汉时增加一些汉语的语气助词、强调性副词或重复词语，可使译文明白流畅，这种增词译法实际上是一种结构增词。

【例 14】What we saw was indeed a new China. A country of *well-dressed*, *clean*, *healthy*, and *happy* people.

【译文】我们所看到的确实是一个新中国。一个人民衣着体面整洁、身体健康、生活幸福的国家。

【例 15】*Suppose it were so*? (=Suppose it were so, what shall we do?)

【译文】假如果真如此，又该怎么办呢？

【例 16】He *poured out* his tale of misfortunes.

【译文】他滔滔不绝地诉说了自己的种种遭遇。

9. 根据语境增词

根据上下文、隐义语境的需要，增补语义上、结构上和修辞上所必需的词，这些词可以是动词、名词、形容词、副词、量词、范畴性词、概括性词甚至句子等。

【例 17】There are teachers in plenty, but *the teacher* does not exist.

【译文】教师多的是，但真正的好老师却没有。

【例 18】*The speed* and *reliability* are the chief advantage of the electronic computer.

【译文】运行速度快、可靠性高是电子计算机的主要优点。

【例 19】Life *centered around family and food*.

【译文】生活的圈子就是自己的家，生活中主要关心的是如何填饱肚皮。

【例 20】When Hughie came in he found Trevor putting the finishing touches to *a wonderful life-size picture of a beggar-man*.

【译文】休吉一进门就发现特雷弗正在最后润色一幅画。这画有真人那么大，画的是一个乞丐，画得可真好。

【例 21】In poverty, hunger, and dirt;
And still with a voice of dolorous pitch,
Would that its tone could reach *the rich*!
She sang this 'Song of the Shirt'!

【译文】贫穷，饥饿，肮脏，
低唱《衬衫歌》，
音意何哀伤！
但愿此曲传入朱门与华堂！

【例 22】God knows what their fate will be, but I can *guess*.

【译文】天晓得他们的命运将如何，可我能猜出几分。

【例 23】The business of her (Mrs Bennet's) life was to get her daughters married; its solace was *visiting* and *news*.

【译文】她（班纳特夫人）生平的大事就是嫁女儿；她生平的安慰就是拜客访友和打听新闻。

【例 24】At the meeting he made a speech—*eloquent* and *energetic*.

【译文】他在会上发表了讲话——很动听，很有力。

10. 根据逻辑修辞增词

如果是无生命名词作主语，可译成状语从句，增词可使译文意思更加清楚，结构更加完整，逻辑关系明确。这类句子汉译时，常用汉语的条件复合句"只要……就……""由于……""因……而……"，主语改用"你(们)""我(们)"等，其谓语动词常用 make、enable、prevent、lead to、cause、show、bring about 等。

【例 25】This medicine will *make* you feel better.

【译文】你吃了这药就会好些。

【例 26】*With* determination, *with* luck, and *with* help from lots of good people, I *was able to* rise from the ashes.

【译文】因为我有决心、运气，还有许多善良人们的帮助，我最终重整旗鼓。

【例 27】*Competence*, *concentration*, *comprehension*, *conscientiousness*, *clarity*, *courtesy*.

【译文】业务过硬，精神集中，理解全面，工作认真，清楚利落，彬彬有礼。

（二）增补译法在汉译英中的运用

1. 增补必要的代词

【例 28】大作收到，十分高兴。

【译文】*I* was very glad to have received *your* writing.

【例 29】没有调查研究就没有发言权。

【译文】*He who* makes no investigation and study has no right to speak.

【例 30】交出译文之前，必须读几遍，看看有没有要修改的地方。

【译文】Before handing in your translation, *you* have to read *it* over and over again and see if there is anything in it to be correct or improved.

2. 增补必要的冠词

【例 31】我们对问题要做全面的分析，才能解决得妥当。

【译文】We must make a comprehensive analysis of *a* problem before it can be properly solved.

【例 32】耳朵是用来听声音的器官，鼻子用来嗅气味，舌头用来尝滋味。

【译文】*The* ear is the organ which is used for hearing. *The* nose is used for smelling. *The* tongue is used for tasting.

3. 增补必要的连接词

【例 33】老师在等我，我得走了。

【译文】The teacher is expecting me, *so* I must be off now.

【例 34】虚心使人进步，骄傲使人落后。

【译文】Modesty helps one to go forward, *whereas* conceit makes one lag behind.

【例 35】留得青山在，不怕没柴烧。

【译文】*So long as* green hills remain, there will never be a shortage of firewood.

4. 增补必要的介词

【例 36】咱们校门口见吧。

【译文】Let's meet *at* the school gate.

【例 37】你是白天工作还是夜间工作?

【译文】Do you work *in* the daytime or *at* night.

二、省略译法

任何语言都要求在表达上尽可能地做到简练明确，能用三个字表示的意思绝不用五个字，一句话能说明白的绝不说两句。减词译法是英汉翻译中一种常用的、重要的、坚持语言“经济原则”的翻译方法和技巧。

减词译法又叫省略译法，即我们通常所说的“长话短说”。在具体操作上要注意所省去的词不是随心所欲任意省略的，一定要符合修辞上、语义上、语言结构上的需要。省略后既不影响原文的思想内容，又流畅自然、简明洗练。英语中，经常使用的词如冠词、连词(并列连词和从属连词)、代词(人称代词、关系代词)、关系副词等，在汉语中很少出现，要使译文地道忠实，就要省去不译。

(一) 省略译法在英译汉中的运用

1. 冠词的省译

不定冠词(a/an)最基本的意义是“一”，表示数字概念时，不能省略，但用于引申意义表示类别，或用在固定短语中，可省略不译。定冠词(the)用在表示方位的名词前，或形容词(形容词最高级)、专有名词之前，特别是用在固定短语或词组中时，常常省略不译。

【例 38】*A* square has four angles (sides).

【译文】正方形有四个角(边)。

【例 39】*A* dictionary is *a* good teacher.

【译文】辞典是良师。

【例 40】It must be morning now, because *the* birds are singing.

【译文】一定是天亮了，因为鸟儿在歌唱。

【例 41】*The* rate of *a* chemical reaction is proportional to *the* concentrations of *the* reacting substances.

【译文】化学反应的速度与反应物的浓度成正比。

2. 代词的省译

人称代词 we、you，及不定代词 one、ones 在句中含有泛指的意思时，常可省略不译；it 在句中(引导主语、宾语或强调句)作为引导词时，没有实际意义，可省译；作宾语或同位语用的反身代词，常可省略不译；作定语用的物主代词，常可省略不译。

【例 42】*One* must have studied hard before *one* could succeed in mastering a foreign language.

【译文】必须勤学苦练，才能精通一门外语。

【例 43】He covered *his* face with *his* hand as if to protect *his* eyes.

【译文】他用手蒙住脸，好像去保护眼睛。

【例 44】Order is order, *we* cannot complain, *we* cannot bargain, *we* cannot question and *we* cannot suggest changes.

【译文】命令就是命令，不得抱怨，不得讨价还价，不得质疑，也不得建议修改。

3. 名词的省译

英语中重复某些名词，表示某种概念的重复或强调，若是直译过来，会使译文显得臃肿，不够简洁精练。因此，为使译文简练、紧凑，文气贯通，汉译时可省译。

【例 45】The mechanical energy can be changed back into electrical energy by means of *generator* or *dynamo*.

【译文】发电机能把机械能转变成电能。

【例 46】The only cure for envy in the case of ordinary *men and women* is happiness, and the difficulty is that envy is itself a terrible obstacle to happiness.

【译文】对于普通人而言，治疗妒忌的唯一办法是快乐，然而困难在于，妒忌本身就是快乐的巨大障碍。

【例 47】Curiosity is a willing, a proud, an eager *confession* of ignorance.

【译文】好奇是在急不可耐地炫耀自己的无知。

4. 动词或系动词的省译

动词一般不能省略，但某些动词（如 give、make、come、take、pay 等）与具有动作意味的名词连用时可以省略；系动词（如 become、go、get 等）也可以省译。

【例 48】This *was* a masterly appointment.

【译文】这个任命实在高明。

【例 49】She *was* smooth and agreeable to meet.

【译文】她为人处世，八面玲珑。

【例 50】Then *came* the development of the microcomputer.

【译文】后来，微型计算机发展起来了。

5. 介词的省译

英语中的介词用得很多，词与词之间的关系大都是用介词表示的；汉语则不是这样，汉语中词与词的关系常通过语序和逻辑关系表示。所以，翻译时，有的介词要译成汉语的动宾词组、介词词组、定语或状语词组，有的介词可考虑省略。

【例 51】He is honest *to* the core.

【译文】他很老实。

【例 52】The rocket was invented *by* Chinese *in* the 12th century.

【译文】中国人 12 世纪就发明了火箭。

【例 53】University applicants who had worked at a job would receive preference *over* those who had not.

【译文】报考大学的人，有工作经验的优先录取。

6. 连词的省译

英语中词与词、短语与短语、句子与句子之间的关系都是用连词把它们连接起来的，所以连词用得较多。汉语则不然，句子结构一般都是按时间顺序和逻辑关系排列的，连词用得较少，在英汉翻译中连词大多可省略不译。

【例 54】There is no blinking at the fact that our people, our territory, *and our interests are in grave danger.*

【译文】必须看到,我们的人民、我们的国土、我们的利益都处于严重的危险之中。

【例 55】*Because* everyone uses language to talk, everyone thinks he can talk about language.

【译文】人人都用语言交谈,人人也就自以为能够谈论语言。

7. 短语或句子的省译

【例 56】Mr. Winkle did entertain considerable misgivings *in the very lowest recesses of his own heart*, relative to his equestrian skill.

【译文】温克尔先生想到自己的骑马术,心里的确感到很害怕。

【例 57】I profess, *in the sincerity of my heart*, that I have not the least personal interest in endeavoring to promote this necessary work.

【译文】我诚恳地表示,我努力推动此项必需的工作,绝非为个人利益着想。

(二)省略译法在汉译英中的运用

1. 省略冗词赘句

【例 58】我已经提前完成了交给我的任务,他也提前完成了交给他的任务。

【译文】I have fulfilled my assigned work ahead of schedule, so has he.

2. 省略概念范畴类词语

【例 59】这些都是人民内部问题。

【译文】All these are *contradictions* among the people.

【例 60】她的朋友们听到她家中的种种困难情况后,都主动伸出援助之手。

【译文】After her friends heard about her family *difficulties*, they offered her a helping hand.

3. 省略过详的细节描述

【例 61】花园里面是人间的乐园,有的是吃不完的大米白面,穿不完的绫罗绸缎,花不完的金银财宝。

【译文】The garden was a paradise on earth, with more food and clothes than could consumed and more money than could be spent.

减词译法从理论上讲比较好理解,增词就是在翻译过程中增加一个或若干个词的一种译法,即“加词 2+1=2(加词不加意)”。减词就是在翻译过程中减少一个或若干个词的一种译法,即“减词 2-1=2(减词不减意)”。但在具体翻译中，很难说清这一句是用增词译法来翻译的，那一句是用减词译法来翻译的。增词减词是一个辩证的统一体，在具体翻译过程中根据需要可增词减词同时并用，须增时可增，要减时便减，以意义需要、行文优美为目的。

课外拓展

CATTI 笔译考试词汇必备

文化类(2)

1. 本命年 one's animal year
2. 道德观 moral outlook
3. 端午节 Dragon Boat Festival
4. 翰林院 Imperial Academy
5. 和为贵 harmony is most precious
6. 礼之本 essence of the rites
7. 年夜饭 family reunion dinner
8. 仁之本 the foundation of harmony
9. 文化界 cultural circles
10. 孝与敬 filial piety and reverence
11. 红包 red envelope/money given to children as a lunar New Year gift
12. 中山装 Chinese tunic suit/Mao suit
13. 重阳节 the Double Ninth Festival
14. 敬老慈幼 respect the old and love the young
15. 孔孟之道 Confucius-Mencius doctrines
16. 孔子学院 Confucius Institute
17. 礼乐文化 rites and music culture
18. 礼仪之邦 a land of ceremony and decorum
19. 礼义廉耻 Courtesy, Justice, Integrity and Sense of Shame
20. 龙的传人 the generation of dragon
21. 民本思想 populist ideas
22. 民间文化 folk culture
23. 民俗庙会 temple fair of folk custom
24. 民族文化 national culture

25. 民族自豪 national pride

26. 墨家学派 the Mohist school

27. 内外兼修 whole care

28. 隋唐佛学 The Buddhist philosophy during Sui and Tang dynasties

29. 《道德经》*Tao Te Ching/Classic of the Way of Virtue*

30. 《弟子规》*Disciples Regulation*

31. 《百家姓》*Pamphlet of Chinese Surnames/Book of (China's) Family Names*

32. 《战国策》*Strategies of the Warring States*

33. 道德修养 moral self-cultivation

34. 道法自然 Tao models itself after nature

35. 博大精深 broad and profound

36. 出土文物 unearthed relics

37. 传统美德 traditional virtues

38. 传统文化 traditional culture

39. 风土人情 local conditions and customs

40. 刚柔并济 combination of softness and hardness

41. 和谐文化 harmonious culture

42. 厚德载物 great virtue promotes growth

43. 皇城根儿 the foot of the imperial city

44. 精神文明 spiritual civilization; advanced culture and ethic

考研翻译真题演练

2008 年考研翻译真题

Read the following text carefully and then translate the underlined segments into Chinese.

In his autobiography, Darwin himself speaks of his intellectual powers with extraordinary modesty. He points out that he always experienced much difficulty in expressing himself clearly and concisely, but (1) he believes that this very difficulty may have had the compensating advantage of forcing him to think long and intently about every sentence, and thus enabling him to detect errors in reasoning and in his own observations. He disclaimed the possession of any great quickness of apprehension or wit, such as distinguished Huxley. (2) He asserted, also, that his power to follow a long and purely abstract train of thought was very limited, for which reason he felt certain that he never could have succeeded with mathematics. His memory, too, he described as extensive, but hazy. So poor in one sense was it that he never could remember for more than a few days a single date or a line of poetry. (3) On the other hand, he did not accept as well founded the charge made by some of his critics that, while he was a good observer, he had no power of reasoning. This, he thought, could not be true, because the "Origin of Species" is one long argument from the beginning to the end, and has convinced many able men. No one, he submits, could have written it without possessing some power of reasoning. He was willing to assert that "I have a fair share of invention, and of common sense or judgment, such as every fairly successful lawyer or doctor must have, but not, I believe, in any higher degree." (4) He adds humbly that perhaps he was "superior to the common run of men in noticing things which easily escape attention, and in observing them carefully."

Writing in the last year of his life, he expressed the opinion that in two or three respects his mind had changed during the preceding twenty or thirty years. Up to the age of thirty or beyond it poetry of many kinds gave him great pleasure. Formerly, too, pictures had given him considerable, and music very great, delight. In 1881, however, he said: "Now for many years I cannot endure to read a line of poetry. I have also almost lost my taste for pictures or music." (5) Darwin was convinced that the loss of these tastes was not only a loss of happiness, but might possibly be injurious to the intellect, and more probably to the moral character.

自主学习

中国武侠小说的英译方法

一、中国武侠小说书名的翻译方法

1. 背景

武侠小说作为一种文学、文化形式在中国家喻户晓，也以其独特的通俗文学视角反映着中国人的文化生活。英语是世界上使用最广泛的语言，因此武侠

小说的英译在加强国内外文化交流上具有重要意义。

但是武侠小说的译制受到东西方文化的差异，译者的翻译经验和文化背景知识等因素影响，武侠小说的译文在文学性和文化性上的表现往往会受到一定的限制，小说里的武术术语、侠义文化、民族民俗民风、宗教文化、饮食文化、中医文化等方面的翻译问题也需要深入的讨论。而在本文中我们将从几个方面入手，探求中国武侠小说的翻译方法。

2. 武侠小说的英译现状

目前，武侠小说英译的传播主要有两个途径：书籍和网络。英译武侠的书籍版本有 5 部：金庸武侠 4 部，古龙 1 部。网络武侠英译本目前共 59 部，金庸“飞雪连天射白鹿，笑书神侠倚碧鸳”14 部长篇和 1 部短篇小说《越女剑》，古龙 36 部，梁羽生 3 部，黄易 4 部，温瑞安 1 部，王度庐 1 部。

3. 武侠小说名的英译

由于在武侠小说的英译过程中，金庸先生无论是在书籍出版还是在网络译制上都有数目可观的作品呈现，并且具有武侠小说英文译制方法的代表性，加之金庸先生的作品本身又具有极大的影响，因此选择金庸先生的作品来进行研究。

4. 金庸先生作品的英文译名（仅选取接受度高的英文译名）如下：

(1) *The Book and the Sword*《书剑恩仇录》

(2) *Sword Stained with Royal Blood*《碧血剑》

(3) *The Legend of the Condor Heroes*《射雕英雄传》

(4) *The Return of the Condor Heroes*《神雕侠侣》

(5) *Heaven Sword and Dragon Sabre*《倚天屠龙记》

(6) *The Flying Fox of Snowy Mountain*《雪山飞狐》

(7) *Other Tales of the Flying Fox*《飞狐外传》

(8) *A Deadly Secret*《连城诀》

(9) *Demi-Gods and Semi-Devils*《天龙八部》

(10) *Ode to Gallantry*《侠客行》

(11) *The Smiling Proud Wanderer*《笑傲江湖》

(12) *Duke of Mount Deer/ The Deer and the Cauldron*《鹿鼎记》

(13) *Sword of the Yueh Maiden*《越女剑》

(14) *Blade-dance of the Two Lovers*《鸳鸯刀》

(15) *White Horse Neighing in the West Wind*《白马啸西风》

从这些作品名的英译方法上来看，大致可以分为：直译和意译、异化和归化。

例如(1)、(3)、(6)、(7)、(12)、(13)、(15)就采用了直译的方法，比较忠实于原来的书名。但是这种翻译方法也存在一定的缺点，就是无法让读者在读到书名时就对文章的内容有大致猜测，而且这种翻译方法的关注点也并不在文化方面，同时在英文语境下一些翻译可能会给读者带来困惑。例如《雪山飞狐》，在中文的语境下，这里面有一个借喻的修辞手法，中文的读者大多能知道这本书讲的不是一个会飞的狐狸的故事，而英文译名 *The Flying Fox of Snowy Mountain*，则可能因为语境的变化，让读者误以为这是一个讲述狐狸的故事。再例如《书剑恩仇录》的英文译名为 *The Book and the Sword*，直接翻译为了书和剑，这就丢失了原文中的"恩仇"之意，没有达到翻译中"信"的要求。

其他的书名则采用了意译的方法，在某些情况下更加切合中文书名想要表达的意思。例如《连城诀》的英文译名为 *A Deadly Secret*，将其直接翻译成中文得到：致命的秘密。这契合了书中人物为了抢夺藏宝秘籍《连城诀》互相杀害的大体情节，同时也能在一定程度上吸引读者的注意。再例如《天龙八部》的英文译名为 *Demi-Gods and Semi-Devils*，翻译为中文是半神与半魔，这虽然看起来和原文相差比较大，但是结合《天龙八部》中人物复杂的个性，加上原文"天龙八部"在宗教中的含义就可以看出这个译文的妙处所在。天龙八部，佛教术语，天龙八部都是"非人"，包括八种神道怪物，因为"天众"及"龙众"最为重要，所以称为"天龙八部"。八部包括：一天众、二龙众、三夜叉、四乾达婆、五阿修罗、六迦楼罗、七紧那罗、八摩睺罗伽。许多大乘佛经叙述佛向诸菩萨、比丘等说法时，常有天龙八部参与听法。如《法华经：提婆达多品》："天龙八部、人与非人，皆遥见彼龙女成佛"。"非人"是形貌似人，而实际不是人的众生。

意译的翻译方法也不都是合适的。例如《笑傲江湖》的英文译名为 *The Smiling Proud Wanderer*，中文含义是"微笑着的骄傲流浪者"，这显然不是很符合原文的内容，而且缺少了"江湖"的存在，在意思上缺少了放浪形骸的侠客之意，这样的翻译确实算不上是优秀的翻译。

再就从归化和异化的角度来看，武侠小说名的翻译中这两种方法也都用到了。《天龙八部》的英文译名 *Demi-Gods and Semi-Devils*，这里就运用了归化，用西方神话里存在比较多的半神和半魔来解释了佛教含义比较深刻的"天龙八部"。其他翻译中则没有用到归化，部分译名采用了异化，保留了中文里的比喻和形象等。

5. 小结

实际上，在翻译中国武侠小说时，并不局限于使用哪种方法，直译和意译、异化和归化都有好的翻译，能够"信、达、雅"，也都有不太合适的翻译。中外历史文化背景不同，汉语和英语又分属不同语系，语言的使用规则和习惯等方面有很大差异，导致了不同的思维方式和不同的语言形式。如果不顾具体情况和中外两种语言的差异，一味追求某种翻译方法，很有可能影响到译作质量。武侠小说的翻译又因为他的文化色彩浓重，语言特点鲜明，翻译起来难度就比较大，选择合适的翻译方法，打破语言障碍在译文中重建原文所创造的精彩世界就尤为重要。

二、中国武侠小说人物名的翻译方法——以《射雕英雄传》译文为例

有的人名采用拼音音译，有的则采用英文意译，而有些带着各种奇异称号出场的武林人士，则将音译与意译混用。

1. 音译

(1) 蒙古语音译：书中汉族人物的名字较少采用完全音译的办法，但对于蒙古族的人物，几乎全部都用音译来靠近他们名字的蒙古语发音(而非拼音)，比如成吉思汗铁木真是 The Great Khan Temujin，铁木真的小儿子拖雷是 Tolui，小女儿华筝是 Khojin。

亮点：翻译成功复制了中文原著中对汉人、蒙古人、金人三个不同族群的区分，并且照顾到这些族群之间的复杂身份认同和关系。

(2) 拼音音译：郭靖 Guo Jing，杨康 Yang Kang。

2. 意译

比如段天德的名字翻译成 Justice Duan。一来简单好记，二来也达到了金庸原著中对这个恶人的反讽效果——作为整部《射雕英雄传》第一个出场的反派角色，段天德是站在"道德"和"正义"的反面的。

黄蓉译作 Lotus Huang(直译：莲花 黄)。译法的亮点：一是要复制"黄蓉"这个名字的发音在中文语境中男女莫辨的效果；二是要复制"黄蓉"这个名字在书上被中文读者看到以后对读者理解此处情节发展的帮助。

3. 音译和意译混用

书中汉人的名字则多为意译和音译的混杂，如杨铁心是 Ironheart Yang(直译：铁心 杨)、郭啸天是 Skyfury Guo(直译：天怒 郭)、黑风双煞是 Twice Foul Dark Wind(直译：双恶黑风)，其中的陈玄风被译成 Hurricane Chen(直译：飓风陈)、梅超风则是 Cyclone Mei(直译：龙卷风 梅)。李萍和穆念慈的英文名则更

有意思，分别是 Lily Li 和 Mercy Mu，这两个单词都是常用英文名，同时又具有意译功能，实在是一举两得。

带着各种奇异称号出场的武林人士：

东邪黄药师 The Eastern Heretic Apothecary Huang

飞天蝙蝠柯镇恶 Ke Zhen'e, Suppressor of Evil, also known as Flying Bat

越女剑韩小莹 Jade Han, Maiden of the Yue Sword

千手人屠彭连虎 Tiger Peng the Outlaw, Butcher of a Thousand Hands

灵智上人 Lama Supreme Wisdom Lobsang Choden Rinpoche

三、武侠招式的翻译方法

1. 基本招式对应的英文翻译

掌 palm；拳 boxing、fist；指 finger；手 hand；腿 leg；剑 swordsmanship；刀 broadsword；棍 cudgel；棒 stick；枪 spear；鞭 whip；功、法、术 art、force、technique；爪 paw。

2. 武功招式的翻译

(1) 简单名词＋(量词)＋基本招式。

有两类武功招式可以直译。一类是武功套路比较简单，修饰名词可以直观描述的招式，如龙爪手(Dragon's Paw)，在翻译过程中就是理解为双手作龙爪状进行攻击。还有一类是修饰名词用以标明武功原创派别或原创者，例如华山剑法(Mount Huashan Swordsmanship)、天山六阳掌(Tianshan Six Yang Palm)。通过逐一对应的方法翻译即可。如果所译招式过长，可利用介词短语使译文前后平衡，如少林七十二绝技(the 72 Marvelous Styles from Shaolin Temple)。一些武功属天下公认的某门绝学，不会加上修饰的名词，但也可以直接翻译，如大理段氏的一阳指(One Yang Finger)

(2) 动宾短语＋基本招式。

这类招式的动宾短语用于描述此招式的威力或者效果，故在翻译过程中可加入动词不定式或动名词，如化骨绵掌(Soft Bone-melting Palm)。英译本的《射雕英雄传》中将降龙十八掌译作 the 18 Palm Attacks to Defeat Dragon，尽管不定式结构，但冗长的翻译丧失这套绝学应有的气势。而其他的翻译如 the 18 Dragon Subduing Palms/Beating Dragon 18 Palms，尽管简单且契合原句，但回归到小说原著中，“亢龙有悔”“飞龙在天”等招式并非真的降龙，而是以龙的姿态打出，参考康宇所写的《中国武侠小说的特点及翻译》后，取其所给出的 the 18 Dragon Palm Strikes 作为最合适的翻译。类似的招式还有打狗棒法(Stick

Technique Like Beating Dogs)，在翻译过程中要把握动宾结构的具体含义。

（3）音译和意译的拿捏有典可循的武功招式。

有不少汉文学的字眼常用音译，如太极(Tai Chi)、阴阳(Yin-Yang)。在武功招式的翻译中应注意音译和意译的有机结合，如英译本《射雕英雄传》中将九阴白骨爪译为 Nine Yin Skeleton Claw。类似地，可以将九阳神功翻译为 Nine Yang Art。还有一些门派、地名是小说原创，无根据可考，在翻译时可直接用拼音，如点苍剑法(Diancang Swordsmanship)

（4）理解原著中的招式类型。

武功招式可分为内功和外功，外功又可分为有兵器的功夫和拳脚功夫。正所谓，手中无刀，心中有刀，武侠小说中也不乏将内力化作兵器的功夫。在描述上它们是某种剑法、刀法，但实际上是用拳脚施展出来的。如大理段氏的六脉神剑(Six Mai Excalibur)，不少翻译将其译为 Six Mai Swordsmanship，我认为是不妥当的。六脉神剑是将内力运至指尖而射出的指法(finger technique)，但如果直接翻译成 Six Mai Finger，又显得这门功夫有些平庸，无法突出其大理段氏最高武学的地位。Excalibur(亚瑟王的神剑)，虽也是剑，但被赋予了传奇色彩和英雄气概，很符合六脉神剑的武学地位。类似的还有鸠摩智的火焰刀(Flaming Palm Cut)。又如天山六阳掌，乍一看以为是六种阳刚的掌法，但实际上这涉及易经中的“六为阴，九为阳”，故天山六阳掌其实是天山阴阳掌，应该译作 Tianshan Yin-Yang Palm

（5）回归原文理解抽象招式。

此类招式有别于(4)，其招式是在文字描述上使人产生误解，从而产生错误的翻译。而此类主要是一些不能直观体现其效用的内功心法。如小无相功，在原著中是逍遥派一门心法，身居此功可以无形中模仿他人招数，甚至超过他人。但通过字面意义难以刻画，所以应该抓住其“无形”“模仿”的关键词，将其译为 Intangibly Copying Art。又如吸星大法，让人云里雾里，以为是吸收天地精华的内功，实际上这是一门吸收人内力的内功，故应译作 Sucking Art。

（6）对招式进行适当的美化。

武侠小说最精髓的地方在于武功招式的描绘与刻画上，这也是在英译过程中最麻烦的地方。英语的语法不像汉语这么灵活，很难真实还原动态的武打场面，故一个动态的武功招式刻画对读者的理解起到关键的作用。如梯云纵，如果简单地以动宾格式翻译，得到的译文就是 Stepping Cloud Jump。读起来索然无味，让人觉得只是一般的轻功。而康宇给出的 Cloud-kissing Jump，给人一种灵活感，尤其是一个 kissing 更有画龙点睛之笔，给人一种蜻蜓点水般的轻盈，真实地还原了其在小说中的描述。

(7) 有典可循的武功招式

众所周知，武侠小说涉及对佛家、道家的描写，有不少武功就是从各学派经典中取名的，在翻译过程中可以通过借鉴这些经典的英译本。如逍遥派的绝学凌波微步(Walk in Dainty Steps)，就是取自曹植《洛神赋》中的"凌波微步，罗袜生尘"。再如拈花指(Flower Touching Finger)，尽管属于动宾短语+简单结构，表示拈花姿势一样的指法，但其典出自"佛祖拈花，迦叶一笑"，故直接用动名词结构翻译即可。

3. 小结

在翻译武功招式前，首先要观其形，确定大意和结构，然后再回归原文阅读刻画这门武功的文字。翻译过程中，一方面要将其本意和特点译出，另一方面要尽量简练，读起来朗朗上口，富有节奏感，不能得其意而失其神，必要可添加注释。在此基础上可以对文字进行美化，力争还原其在汉语中的动态美。在翻译方法上，可以采取以上列举的几种方法，也要善于把这些方法进行有机的结合。

第七单元　习语、俚语、谚语和外来语的翻译

☞ 学习目的与要求

通过本单元的学习，学生应掌握如何采用直译法、套译法、释义法和意译法翻译习语、俚语、谚语，以及在外来语的翻译过程中如何运用音译法、意译法和形译法，提高翻译质量。

☞ 学习重点与难点

1. 习语的翻译方法：直译法、套译法、释义法和意译法
2. 俚语的翻译方法
3. 谚语的翻译方法
4. 外来语的翻译方法：音译法、意译法和形译法

☞ 学习要点

一、习语的翻译

习语是民族语言中的精华。它短小精悍、寓意深刻，具有浓郁的民族文化特色。它是人类从劳动中创造出来并经过长时间的使用而提炼出来的固定短语或短句，和民族的历史背景、经济生活、地理环境、风俗习惯、心理状态紧密相关，把丰富的思想内涵精辟地表达出来，言简意赅、寓意深远、富有哲理、富于含蓄、意在言外。

（一）习语的定义

从广义上讲，英语习语主要包括短语、熟语、成语、俗语、谚语、警句、格言、

俚语、粗语。从狭义上讲，英语习语指那种字面意义不同于实际意义的词组或句子。因文化差异与表达方式的不同，一个词组、一个句子照字面解释逻辑不通，意义与上下文格格不入，那可能是狭义上的习语。

英语习语常有字面意义、形象意义或隐含的实际意义，借形喻义，形成了独具本民族风格的文化意象，除非汉语中碰巧也有借同样的形象比喻相同的意义的对等用法，否则这样的习语是很难完好无损地转换成汉语的。有的习语可能只有字面意义，没有形象意义；有的可能兼有字面意义和形象意义，但没有隐含意义。如果字面意义或形象意义与隐含意义在翻译时由于文化的差异出现矛盾，字面意义或形象意义应当服从隐含意义，因为隐含意义的准确表达是保证翻译质量的一个极为重要的问题。

英汉习语大都带有生动鲜明的文化意象，中英两国语言文化和历史背景的巨大差异使两种语言中同样的意象可以产生完全不同的含义和联想，不同的意象却又可以用来表达相同或相近的意义。习语翻译应当小心谨慎，切忌随意对等套用。

（二）习语的翻译方法

习语的翻译方法主要有直译法、套译法、释义法和意译法。在具体操作过程中，几种方法相互兼顾，相互补充，能直译的就直译，能意译的就意译，能套译的就套译，以不损害原作的“异国情调”为前提，以保持“原汁原味”为特色，这是译者应遵循的翻译原则。

1. 直译法

直译法大致相当于异化译法，即不违背译文语言规范，不引起错误联想，能保持英语习语的比喻、形象、民族特色、地方习惯的译法。采用直译法既要忠实于原文内容，又要忠实于原文形式。直译法强调尊重习语的民族性、地域性，保持原作的风格和异域文化特色、文化意象，对原习语的表现形式和意义原则上不作任何调整。

直译法的优点是能吸收外来有益的新因素，能反映异国情调，能避免主观因素的干扰；形式上无须改变；内容上和原文一致。但是直译法有时会损害习语的修辞性特点，忽视两种民族语言的差异，歪曲原文的思想感情，使译作生硬、晦涩难懂，影响翻译的正确表达。

【例 1】a die-hard

【译文】死硬派

【例 2】time frame

【译文】时间框架

【例 3】hot line

【译文】热线

【例 4】paper tiger

【译文】纸老虎

【例 5】armed to the teeth

【译文】武装到牙齿

【例 6】comfort woman

【译文】慰安妇

【例 7】a gentleman's agreement

【译文】君子协定

【例 8】an eye for an eye, a tooth for a tooth

【译文】以眼还眼,以牙还牙

【例 9】Add fuel to the fire.

【译文】火上加油。

【例 10】olive branch

【译文】橄榄枝

【例 11】强强联手

【译文】win-win co-operation

【例 12】人海战术

【译文】huge-crowd strategy

【例 13】大开眼界

【译文】open one's eyes; broaden one's horizon; be an eye-opener

【例 14】名利双收

【译文】gain in both fame and wealth

【例 15】金玉满堂

【译文】treasures fill the home

【例 16】国泰民安

【译文】The country flourishes and people live in peace.

【例 17】水涨船高

【译文】When the river rises, the boat floats high.

【例 18】团结就是力量

【译文】Unity is strength.

【例 19】因材施教

【译文】Teach students according to their aptitude.

【例 20】金无足赤，人无完人

【译文】Gold can't be pure and man can't be perfect.

【例 21】前人栽树，后人乘凉

【译文】One generation plants the trees in whose shade another generation rests. /One sows and another reaps.

【例 22】实践是检验真理的唯一标准。

【译文】Practice is the sole criterion for testing truth.

2. 套译法

套译法是用译文语言里的同义习语去套译原文中的习语的一种翻译方法。翻译习语时，有时在汉语中可以找到内容、形式、修辞色彩大致相符的习语；有时甚至连形象、比喻也相同或相似，即译文和原文在内容和形式上相符，意义和修辞色彩相同，形容比喻相同，则用相对应的同义汉语习语套译更感贴切。套译时，一定要注意原文的地理、历史、人文、习俗等文化色彩。

【例 23】burn one's boats

【译文】破釜沉舟

【例 24】fan the flame(s)

【译文】煽风点火

【例 25】have a well-oiled tongue

【译文】油腔滑调

【例 26】as lean as a rail

【译文】骨瘦如柴

【例 27】clean hand

【译文】两袖清风

【例 28】It was by no means a bed of rose.

【译文】这绝不是安乐窝。

【例 29】as red as rose

【译文】艳如桃李

【例 30】Diamonds cut Diamonds.

【译文】棋逢对手，将遇良才。

【例 31】go through fire and water

【译文】赴汤蹈火

【例 32】beat about/around the bush

【译文】拐弯抹角

【例 33】Life is but an empty dream.

【译文】人生如梦

【例 34】Give him an inch and he'll take an ell.

【译文】得寸进尺

【例 35】A lame traveler should get out betimes.

【译文】笨鸟先飞

【例 36】An idle youth，a needy age.

【译文】少壮不努力，老大徒伤悲。

【例 37】左右为难

【译文】between the devil and the deep blue sea

【例 38】人逢喜事精神爽

【译文】Joy puts heart into a man.

【例 39】三思而后行

【译文】Look before you leap.

【例 40】害群之马，败家子

【译文】a black sheep

【例 41】绝交信

【译文】dear John letter

【例 42】赔了夫人又折兵

【译文】throw good money after bad

【例 43】剜肉补疮，拆东墙补西墙

【译文】rob Peter to pay Paul

【例 44】故步自封，吃老本

【译文】to rest on one's laurels

【例 45】英雄所见略同

【译文】Great minds think alike.

【例 46】不打不成交

【译文】No discord，no concord.

【例 47】好了伤疤忘了疼

【译文】once on shore, one prays no more

【例 48】君子之交淡如水

【译文】The friendship between gentlemen is as pure as crystal. /A hedge between keeps friendship green.

【例 49】巧妇难为无米之炊。

【译文】If you have no hand you can't make a fist. /One can't make bricks without straw.

【例 50】实话实说

【译文】speak the plain truth; call a spade a spade; tell it as it is

3. 释义法

释义法是以忠实通顺地表达原习语的思想、内容、意义为目的，采用解释说明手法，按语义、修辞或句法的需要，增加一些解释说明的词，补充完善原习语的意思，以表达原习语在上下文中的含义。释义法翻译是把要解释的内容融合到译文中去，使译文一气呵成，巧妙传达出原文的意义。释义法翻译一般用在两种语言的文化背景或语言内涵的差异很大，译入语难以直接表达的场合。

【例 51】beltway connections

【译文】华盛顿政界的各种关系（beltway 原指华盛顿市的道路环线）

【例 52】the Gordian knot

【译文】戈尔迪之结（棘手的问题或艰巨的任务）

【例 53】the heel of Achilles

【译文】阿喀琉斯的脚跟（唯一致命的弱点）

【例 54】the sword of Damacles

【译文】悬挂在达摩克利斯头顶上的剑（临头的危险）

【例 55】the Trojan horse

【译文】特洛伊木马（内部颠覆者，起内部破坏作用的人或事物）

【例 56】meet one's Waterloo

【译文】遭遇滑铁卢（遭到惨败）；败走麦城

【例 57】open Pandora's box

【译文】打开潘多拉盒子（引起疾病、罪恶、疯狂等各种祸患）

【例 58】千里之行始于足下

【译文】a thousand-li journey begins with the first step; the highest eminence is to be gained step by step

【例 59】跳进黄河洗不清

【译文】Even if one jumped into the Yellow River, one can not wash oneself clean. /There's nothing one can do to clear one's name.

【例 60】前怕狼后怕虎

【译文】fear the wolf in front and the tiger behind (hesitate in doing something)

【例 61】强龙难压地头蛇

【译文】Even a dragon (from the outside) finds it hard to control a snake in its old haunt. /Powerful outsiders can hardly afford to neglect local bullies.

对于这类习语,翻译前应该充分理解其中的文化内涵。

4. 意译法

意译法就是忠实于原文的内容,又不拘泥于原文的形式而采用的按原文意思翻译的一种译法。意译法属于归化译法。英语中有些习语无法直译或直译后使人无法理解,在汉语中又找不到同义对等的习语套译,也不能再现英语的表达形式,这时只有放弃原文习语的形象和风格,根据上下文,灵活地传达原作的意思。

【例 62】skeleton in the cupboard

【译文】家丑

【例 63】take French leave

【译文】不辞而别;擅自行动

【例 64】Midas touch

【译文】赚大钱的本领;点石成金

【例 65】web of life

【译文】命运;错综复杂的人生

【例 66】apple of discord

【译文】争端起因;祸根

【例 67】Greek gift

【译文】存心害人的礼物

【例 68】a plain Jane

【译文】普通女孩,不起眼的女人(英语口语中谐趣女性称呼)

【例 69】break the ice

【译文】打破沉默

【例 70】dog-ear a book

【译文】折书角

【例 71】hold one's horse

【译文】少安毋躁，忍耐，沉住气

【例 72】know the rope

【译文】懂行，了解情况

【例 73】lose one's shirt

【译文】丧失全部财产

【例 74】a fish out of water

【译文】好不自在

【例 75】under the counter/table

【译文】鬼鬼祟祟

【例 76】from the egg to the apple

【译文】自始至终

【例 77】Call a spade a spade.

【译文】有话直说，直言不讳，有一说一，据实而言，说一是一

【例 78】茅塞顿开

【译文】be suddenly enlightened

【例 79】歪风邪气

【译文】unhealthy practices and evil phenomena

【例 80】不以物喜，不以己悲

【译文】not pleased by external gains, not saddened by personal losses

【例 81】马到成功

【译文】achieve immediate victory; win instant success

【例 82】功夫不负有心人

【译文】Everything comes to him who waits.

【例 83】没有规矩不成方圆

【译文】Nothing can be accomplished without norms or standards.

【例 84】韬光养晦

【译文】hide one's capacities and bide one's time

【例 85】塞翁失马，焉知非福

【译文】Misfortune may be an actual blessing.

【例 86】否极泰来

【译文】Out of the depth of misfortune comes bliss. /After a storm comes a calm. /After extreme bad luck, comes good luck. /The darkest hour is before dawn.

在实际翻译中要根据具体的语言材料来灵活选择译文。采取异化译法的时候还要注意限度，讲究分寸；行不通的时候，还得借助归化译法——两种方法相互补充，相辅相成，相得益彰。

二、俚语的翻译

俚语，是俗语的一种，是通俗的、粗俗的或通行面窄的方言词，不属于标准英语的范围。俚语不但出现在口语中，而且也出现在戏剧、电视、电影以及小说的对白中。俚语一般可分委婉语、咒语和粗俗语。俚语常把人们最熟悉的词搭配在一起，所表达的意思与字面意思完全不同。这使得人们在翻译时常犯经验主义错误而望文生义。

（一）名词词组

【例 87】baby kisser

【×】亲小孩的人；妈妈

【译文】为竞选而到处笼络人心的政客

【例 88】backseat driver

【×】后座司机

【译文】因瞎指挥而坏事的人

【例 89】bad sailor

【×】坏水手

【译文】晕船的人

【例 90】better half

【×】较好的一半

【译文】丈夫或妻子

【例 91】blind date

【×】失明的日子

【译文】被安排的初次约会

【例 92】bug doctor

【×】臭虫医生

【译文】精神病医生;心理学专家

【例93】busy-body

【×】忙忙碌碌的人

【译文】爱管闲事的人

【例94】carry the torch for somebody

【×】撑火把为别人照亮

【译文】单相思,痴恋

【例95】confidence man

【×】信得过的人

【译文】骗子

【例96】dead president

【×】死去的总统

【译文】美钞

【例97】dime store

【×】银店

【译文】廉价商店

【例98】end paper

【×】最末的纸片

【译文】扉页

【例99】goo goo eyes

【×】双眼模糊;看不清

【译文】秋波,媚眼

【例100】happy money

【×】幸福的钱

【译文】供零花的钱

【例101】mash note

【×】破碎的钞票

【译文】男女之间私约偷情的条子

【例102】night cart

【×】夜车

【译文】粪车

【例 103】oil burner

【×】燃油器

【译文】破旧的汽车

(二) 专有名词词组

【例 104】American Beauty

【×】美国的美女

【译文】美国产四季开花的蔷薇

【例 105】China policy

【×】中国的政策

【译文】对华政策

【例 106】Dutch courage

【×】荷兰勇气

【译文】酒后之勇

【例 107】Dutch treat

【×】荷兰招待

【译文】各自付钱的聚餐

【例 108】Uncle Tom

【×】汤姆大叔

【译文】美国黑人

(三) 动词词组

【例 109】give somebody a box on the ear

【×】把盒子放在耳朵上

【译文】打耳光

【例 110】pull somebody's leg

【×】拉某人的后腿

【译文】开某人的玩笑

【例 111】go fly a kite

【×】去放风筝

【译文】滚开

【例 112】make a killing

【×】杀人

【译文】发大财

【例 113】turn one's coat

【×】换大衣

【译文】背叛

三、谚语的翻译

谚语是人们经常使用的固定而简短通俗的话语，在结构上是固定的，一般以句子形式出现。谚语的特点是具有形象性，往往用具体形象来表达抽象的意思；简练概括，以极少的词语表示极丰富的内容。其修辞手法是比喻、拟人、对偶、押韵等。

谚语翻译的方法：

套译——用汉语里固有的谚语词句来“对应”内容相近的英语谚语，以达到行文仍然简练的目的，也适应汉语的习惯。

直译——全面地学习研究语言、社会、历史、习俗等，尽可能用合适的汉语词汇和格式来保存英语背景的固有色彩。

意译——用较多的词语转述清楚原文的内容，尽量保持英语谚语的简练生动特色和韵文体（或近似的文体）的特有格调。

谚语涉及有关国家的文化背景、源远流长的方言土语、生活习俗、乡土文化等，地域性很强。有些谚语在西方人看来言简意明，对我们来讲却难以准确理解和表达，这就是谚语难译的主要原因。只有提高鉴赏能力，获得广泛的知识，理解文化差异，才能做好谚语翻译。

【例 114】The outsider sees the most of the game.

【译文】旁观者清。（套译）

【例 115】Even a worm will turn.

【译文】人急造反，狗急跳墙。（套译）

【例 116】Feed a cold and starve a fever.

【译文】伤风时宜吃，发烧时需饿。（直译）

【例 117】Great hopes make a great man.

【译文】宏伟抱负造伟人。（直译）

【例 118】He that is down, down with him.

【译文】落井下石。（套译）

【例 119】There is no royal road to learning.

【译文】学问无坦途。（意译）

【例 120】Out of sight，out of mind.

【译文】眼不见，心不烦。（意译）

【例 121】一言既出，驷马难追。

【译文】A real man never goes back on his words.（意译）

【例 122】天助自助者。

【译文】God helps those who help themselves.（直译）

【例 123】滴水不绝可穿石。

【译文】Constant dropping wears the stone.（直译）

【例 124】成功不易，保持更难。

【译文】Keeping is harder than winning.（直译）

【例 125】早起的鸟儿有虫吃。/捷足先登。

【译文】The early bird catches the worm.（直译）

【例 126】冤家宜解不宜结。

【译文】Better make friends than make enemies.（意译）

【例 127】得到手的才靠得住。

【译文】A bird in the hand is worth two in the bush.（套译）

【例 128】The pot calls the kettle black.

【译文】责人严而律己宽（意译）。/锅嫌壶黑（套译）。/五十步笑百步（套译）。

【例 129】In the dictionary of youth there is no such words as failure.

【译文】初生牛犊不怕虎。（套译）

【例 130】一人计短，二人计长。/三个臭皮匠，赛过诸葛亮。

【译文】Two heads are better than one.（意译）

四、外来语的翻译

使用外来语是时代、社会发展的需要，一个国家或一个民族对外交流越多，越开放，外来语的使用就会越普遍。从外国语言中以有效的、人们所能接受的方法引进或吸收好的东西，吸收我们的语言中没有的词汇，可以丰富和发展我们自己的语言。外来语的翻译方法有音译法、意译法和形译法。

（一）音译法

音译法是用一种语言文字写出或读出另一种语言的词或词组的发音而引入吸收新词的一种主要方法。

1. 全音译

全音译是指全部按照英语单词的发音来选择汉字表达的翻译方法。这种译法很有异国情调，给人以新鲜感，时髦感，体现时代精神，紧跟时代潮流。

【例 131】Lucky (film)乐凯；party 派对；salad 色拉

2. 部分音译部分意译

部分音译部分意译是指在英语名词音译前或后再加上说明性文字，让人们知道该名称的性质是什么。但随着该词的流行和接受程度，意译部分逐渐被淘汰，弃而不用。

【例 132】Jeep 吉普车；Pizza 比萨饼；Waltz 华尔兹舞

3. 约定俗成

为了使音译名词不致形成一个错误的概念，应做到以下几点：

(1) 避免使用与上下文联成意义或具有明显贬义意味的字。切忌借题发挥，滥用音译。

【例 133】Bumble 本伯(不译“笨怕”)

(2) 姓不必译成汉族人的姓，以免引起误解。

【例 134】LeMay 勒梅(不译“李梅”)

(3) 女性人名应女性化。

【例 135】Alice 艾丽斯

(4) 约定俗成的译名不应重新改译，最好尽量保留原译名。

【例 136】Kissinger 基辛格(不译“纪新歌”)

(5) 在英语中长辈与子女同名同姓时，应译得有所区别。

【例 137】George Bush, Sr. 老乔治·布什；George Bush. Jr. 小乔治·布什

4. 常见的音译

音译法常用来翻译专有名词(人名、地名)，但有些外来商品的商标、部分书名、电影、电视剧、戏剧名、科技发明创造以及某些新生事物所产生的新词语也可采用音译法来翻译。

(1) 音译地名。

【例 138】Atlanta 亚特兰大

(2) 音译人名。

本名译音，外号译意。人的外号体现了人的某一特征或主要特征，外号一般译意。

【例 139】Churchill 丘吉尔

【例 140】Cinderella 灰姑娘

（3）音译商标。

【例 141】Audi 奥迪（轿车）

（4）音译书名、电影（视剧）片名、戏剧名。

【例 142】*Aladdin*《阿拉丁》

（5）音译科技文化新词。

【例 143】gene 基因

（二）意译法

意译法就是按照源语所表达的意思去译。这种译法能明确表示事物所含意义，使意义表达准确完美。大部分的外来语，特别是书名、电影（视剧）片名、戏剧名多采用意译法或释义法。

【例 144】barbecue 烤肉店

【例 145】decibel 分贝

【例 146】*Gone with the Wind*《乱世佳人》

（三）形译法

形译法就是按照字体的书写形象或物体的形状，再加上中心词的意思翻译。这种翻译能满足特定的视觉需求或获得特殊的印刷效果。

【例 147】A-frame A 型支架

【例 148】I-steel 工字钢

【例 149】S-turning S 形弯道

课外拓展

翻译储备 1

35 个出自希腊神话的习语翻译

1. Achilles' heel 唯一致命的弱点

2. Horn of plenty/abundance（Amalthea's horn/horn of plenty）丰饶角：丰饶的象征

3. Midas touch 赚大钱的本领；事事处处能赚钱的本领

4. pile Pelion on Ossa 难上加难，高了又高

5. Procrustean bed 逼人就范之物；讲求一致的制度（或政策等）

6. rest on one's laurels 故步自封，吃老本
7. a sop to Cerberus 贿赂
8. sow dragon's teeth 播下不和（或毁灭）的种子
9. Sphinx's riddle 斯芬克斯之谜；难解之谜
10. swan song（诗人，音乐家等的）最后作品（或言行等）；告别演出
11. hang by a hair/thread (sword of Damocles) 千钧一发；岌岌可危；摇摇欲坠
12. Trojan horse（潜藏内部的）颠覆分子；（从内部进行的）颠覆阴谋
13. under the aegis of 在……庇护（或保护）之下；由……主办（或发起）
14. web of life 命运；错综复杂的人生
15. wheel of fortune 命运；人生的变迁
16. apple of discord 争端起因；祸根
17. between cup and lip 在将成未成之际
18. between Scylla and Charybdis 腹背受敌；进退两难
19. Brand from the burning 因忏悔而得救的人；劫后余生
20. Cadmean victory 付出惨重代价的胜利
21. Cask of Danaides 无底洞
22. cleanse the Augean stable(s) 清除污垢；彻底清除积弊
23. cut a dido 恶作剧；胡闹（也作 cut up a dido）
24. cut the Gordian knot 以大刀阔斧的办法解决问题
25. Damon and Pythias 莫逆之交；刎颈之交；生死朋友
26. Greek gift 存心害人的礼物
27. halcyon days 太平岁月；美好时光
28. Hercules' choice 赫拉克勒斯的选择
29. Herculean Labour/task 异常艰巨的任务
30. labour of Sisyphus 永无休止的苦工
31. Oedipus complex 恋母情结
32. olive branch 橄榄枝
33. Pandora's box 潘多拉的盒子；灾祸之源
34. Penelope's web 永远做不完的工作
35. Narcissus 那喀索斯；自恋者，以美貌自夸的青年

翻译储备 2

100个常用谚语翻译

1. A friend in need is a friend indeed. 患难见真情。

2. A journey of a thousand miles begins with a single step. /The longest journey begins with the first step. 千里之行始于足下。

3. A young idler, an old beggar. (An idle youth, a needy age.)少壮不努力,老大徒伤悲。

4. All things are difficult before they are easy. 凡事必先难后易。/万事开头难。

5. Confidence in yourself is the first step on the road to success. 自信是走向成功的第一步。

6. Constant dropping wears the stone. 滴水穿石。

7. Don't put off today's work till tomorrow. /Never put off till tomorrow what you can do today. 今日事今日毕。

8. God helps those who help themselves. 天助自助者。

9. Great hopes make great man. 伟大的理想造就伟大的人。

10. Honesty is the best policy. 做人诚信为本。

11. If there were no clouds, we should not enjoy the sun. 吃得苦中苦,方知甜中甜。

12. Justice has long arms. 天网恢恢,疏而不漏。

13. Knowledge makes humble, ignorance makes proud. 博学使人谦逊,无知使人骄傲。

14. Little things amuse little minds. 小人无大志。

15. Look before you leap. 三思而后行。

16. Many hands make light work. 众人拾柴火焰高。

17. More haste, less/worse speed. /Haste makes waste. 欲速则不达。

18. Never too old to learn, never too late to turn. 亡羊补牢,为时未晚。

19. No cross, no crown. 不经历风雨,怎么见彩虹。

20. No pains, no gains. 不劳无获。

21. No way is impossible to courage. 勇者无惧。

22. Nothing brave, nothing have. 不入虎穴,焉得虎子。

23. Nothing in the world is difficult for one who sets his mind to it. 世上无难事，只怕有心人。

24. One false step will make a great difference. 失之毫厘，谬之千里。

25. Discontent is the first step to progress. 不满足是迈向进步的第一步。

26. Prevention is better than cure. 预防胜于治疗。

27. Pride goes before, and shame comes after. 骄傲使人落后。

28. Reading is to the mind while exercise to the body. 读书健脑，运动强身。

29. Rome is not built in a day. 冰冻三尺，非一日之寒。/伟业非一日之功。

30. Penny wise, pound foolish. 贪小便宜吃大亏。

31. Success belongs to the persevering. 坚持就是胜利。

32. Things at the worst will mend. 否极泰来。

33. To live is to learn, to learn is to better live. 活着为了学习，学习为了更好地活着。

34. Tomorrow never comes. 我生待明日，万事成蹉跎。

35. Two heads are better than one. 一人计短，二人计长。/一个好汉三个帮。

36. Unpleasant advice is a good medicine. 忠言逆耳利于行。

37. Until all is over one's ambition never dies. 不到黄河心不死。

38. Wisdom in the mind is better than money in the hand. 脑中有知识，胜过手中有金钱。

39. Wisdom is to the mind what health is to the body. 知识之于思想，犹如健康之于身体。

40. There is no royal road to learning. 学无坦途。/书山有路勤为径，学海无涯苦作舟。

41. Talking mends no holes. 空谈无补。

42. Whatever you do, do with all your might. 不管做什么，都要一心一意。

43. Water dropping day by day wears the hardest rock away. 滴水穿石。

44. There is kindness to be found everywhere. 人间处处有温情。

45. You cannot eat your cake and have it. 鱼与熊掌，不可得兼。

46. Time and tide wait for no man. 时不我待。

47. Time lost cannot be won again. 时光流逝，不可复得。

48. Time past cannot be called back again. 时间不能倒流。

49. To know oneself is true progress. 人贵有自知之明。

50. What is worth doing at all is worth doing well. 凡是值得做的事情，都值得好好去做。

51. One man's fault is other man's lesson. 前车之鉴。

52. A fall into the pit, a gain in your wit. 吃一堑，长一智。

53. If you venture nothing, you will have nothing. 不入虎穴，焉得虎子。

54. A man becomes learned by asking questions. 要有学问，不耻下问。

55. A thousand probabilities do not make one truth. 可能并不等于事实。

56. Affairs that are done by due degree are soon ended. 循序渐进，事事称心。

57. All work and no play make Jack a dull boy. 只工作不玩耍，聪明孩子也变傻。

58. Beauty without virtue is a rose without fragrance. 无德之美犹如没有香味的玫瑰，徒有其表。

59. If you want knowledge, you must toil for it. 要想求知，就得吃苦。

60. Industry is the parent of success. 勤奋是成功之母。

61. Jack of all trades and master of none. 门门精通，样样稀松。

62. Learning is the eye of the mind. 学问是心灵的慧眼。

63. Lost time is never found again. 岁月既往，一去不回。

64. Man proposes, God disposes. 谋事在人，成事在天。

65. Nature is the true law. 天行有常，不为尧存，不为桀亡。

66. Necessity is the mother of invention. 需要是发明的动力。

67. Not to advance is to go back. 不进则退。

68. Nothing is impossible for a willing heart. 心之所愿，无所不成。

69. Nothing is to be got without pains but poverty. 世上唯有贫穷可以不劳而获。

70. Nothing seek, nothing find. 没有追求就没有收获。

71. Observation is the best teacher. 观察是最好的老师。

72. Old friends and old wines are best. 陈酒味醇，老友情深。

73. One boy is a boy, two boys half a boy, three boys no boy. 一个和尚挑水喝，两个和尚抬水喝，三个和尚没水喝。

74. One good turn deserves another. 善有善报。

75. One hour today is worth two tomorrow. 争分夺秒效率高。

76. To save time is to lengthen life. 节约时间就是延长生命。

77. The greatest talkers are always least doers. 语言的巨人总是行动的矮子。

78. Too much liberty spills all. 自由放任,一事无成。

79. The pot calls the kettle black. 五十步笑百步。

80. Two wrongs do not make a right. 别人错了,不等于你对了。

81. The tongue is not steel, yet it cuts. 人言可畏。

82. The wise man knows he knows nothing, the fool thinks he knows all. 智者知不足,愚者多自负。

83. Virtue is fairer far than beauty. 美德远远胜过美貌。

84. There is no general rule without some exception. 任何法规均有例外。

85. We know not what is good until we have lost it. 好东西,失去了才明白。

86. We never know the worth of water till the well is dry. 井干方知水可贵。

87. We shall never have friends if we expect to find them without fault. 欲求完美无缺的朋友必然成为孤家寡人。

88. What is learned in the cradle is carried to the grave. 儿时所学,终生难忘。

89. One swallow does not make a summer. 一燕不成夏。

90. What we do willingly is easy. 愿者不难。

91. The eye is bigger than the belly. 贪多嚼不烂。

92. When everybody's somebody then nobody's anybody. 人人都伟大,世间没豪杰。

93. There's as good fish in the sea as ever come out of it. 有了大海,还怕没鱼。

94. Proverbs are the daughters of daily experience. 谚语是日常经验的结晶。

95. Wise man have their mouths in their hearts, fools have their hearts in their mouths. 智者嘴在心里,愚者心在嘴里。

96. Work makes the workman. 勤工出巧匠。

97. You cannot burn the candle at both ends. 蜡烛不能两头点，精力不可过分耗。

98. You may know by a handful the whole sack. 窥一斑可知全貌。

99. A book is known in time of need. 书到用时方恨少。

100. A book that remains shut is but a block. 有书闭卷不阅读，无异于木头一块。

考研翻译真题演练

2009 年考研翻译真题

Read the following text carefully and then translate the underlined segments into Chinese.

There is a marked difference between the education which everyone gets from living with others, and the deliberate educating of the young. In the former case the education is incidental; it is natural and important, but it is not the express reason of the association. (1) It may be said that the measure of the worth of any social institution is its effect in enlarging and improving experience; but this effect is not a part of its original motive. Religious associations began, for example, in the desire to secure the favor of overruling powers and to ward off evil influences; family life in the desire to gratify appetites and secure family perpetuity; systematic labor, for the most part, because of enslavement to others, etc. (2) Only gradually was the by-product of the institution noted, and only more gradually still was this effect considered as a directive factor in the conduct of the institution. Even today, in our industrial life, apart from certain values of industriousness and thrift, the intellectual and emotional reaction of the forms of human association under which the world's work is carried on receives little attention as compared with physical output.

But in dealing with the young, the fact of association itself as an immediate human fact, gains in importance. (3) While it is easy to ignore in our contact with them the effect of our acts upon their disposition, it is not so easy as in dealing with adults. The need of training is too evident; the pressure to accomplish a change in their attitude and habits is too urgent to leave these consequences wholly out of account. (4) Since our chief business with them is to enable them to share in a common life we cannot help considering whether or no we are forming the powers which will secure this ability. If humanity has made some headway in realizing that the ultimate value of every institution is its distinctively human effect we may well believe that this lesson has been learned largely through dealings with the young.

(5) We are thus led to distinguish, within the broad educational process which we have been so far considering, a more formal kind of education—that of direct tuition or schooling. In undeveloped social groups, we find very little formal teaching and training. These groups mainly rely for instilling needed dispositions into the young upon the same sort of association which keeps the adults loyal to their group.

自主学习

汉语四字格的英译策略

四字结构是汉语特有的语言形式，言简意赅、表现力强、音节清晰、富于变化。但在英语中却没有这样对应的表达方式，所以造成汉英翻译的极大障碍，其英译处理的手段或思维需要多做并认真做研究。

一、四字格结构的构成及特征

《现代汉语单双音节问题初探》中指出："2+2的四音节也是现代汉语里的一种重要的节奏倾向"，"四音节的优势特别表现在现代汉语里存在着大量四音节熟语即'四字格'这一事实上"。

汉语的四字格结构主要包括两种形式：固定的四字格结构和非固定的四字格结构。固定的四字格绝大部分也是汉语的习语，具有固定的形式和凝结的含义。非固定四字格是根据交际需要，以固定的四字结构为基础临时创造出来的。

下面将列举几种常见的四字格组成方式：

(1)"××之×"的四字格。如：乌合之众(① flock together like crows; ② disorderly band)；敬仰之情(have the feeling of veneration)。

(2)"××而×"的四字格。如：侃侃而谈(speak with great ease and confidence)；挺身而出(rise boldly)。

(3)“××不×”的四字格。如:直言不讳(speak without reservation);闭口不言(stop talking)。

(4)“××如×”的四字格。如:一贫如洗(penniless);洁白如雪(as white as snow)。

二、四字格的翻译策略

按照汉语四字格的组织手段、意译、直译来源,大致的翻译策略总结为:直译、意译、直译加注、直译兼意译和套用英语习语五种常见方法。

1. 直译

直译是把源语言的内容,形式完整地保留在目的语中。尽管中国在地理环境、生活习俗、历史文化、宗教信仰等方面与英语国家存在很大的差异,但汉英两种语言在表达的内容和形式上有不少相同或相似之处,对此,在不违背语言习惯的前提下可以采用直译的方法,进行对等翻译,从而保留源语的风味,完整再现源语的比喻、色彩和语言风格,如:量力而行(to do according to one's ability),火上浇油(to pour oil on the flames)等。

2. 意译

意译是在目的语中保留源语言的内容,但不保留原文形式的翻译方法。汉语四字格是汉民族表达思想的重要方式,具有强烈的民族特征,有不少表达方式无法在英语中找到对应的词语,此时必须意译。如:毛遂自荐(to volunteer one's service),初出茅庐(at the beginning of one's career)等。

3. 直译加注

有的四字格承载着很强的中华民族历史内涵,意义深远,首先英语中不可能有相同的表达方式,其次直译也很难使外国读者理解和接受,而意译又会失去原文的形象性和生动性,此时,我们可以考虑采用直译加注的方法,即先直译,然后再加上注解。如:班门弄斧 to show off one's proficiency with the axe before Lu Ban (the master carpenter-display one's slight skill before an expert),东施效颦 Dong Shi imitating Xi Shi (Xi Shi was a famous beauty in the ancient Kingdom of Yue. Dong Shi was an ugly girl who tried to imitate her ways.)。

4. 直译兼意译

这一种方法是指一部分直译,另一部分意译,直译可以保留原文的比喻形象,意译则能清楚地传递原文的含义。直译兼意译既兼顾形象,又关注内容。如:贼眉鼠眼(to behave stealthily like a thief),辗转反侧(to toss and turn restlessly）等。此处“贼眉”“辗转”都直译出来了，其他部分则采用意译，非常形象生动。

5. 套用英语习语

这种方法是翻译汉语习语的理想方法，因为习语中的形象和含义都相匹配，译文能保持原有的鲜活、生动。有时候，汉语四字格所采用的比喻形象与英语的不一样，但所表达的意义基本相同，具有异曲同工之妙时，也可用英语习语的套译法。如：隔墙有耳（Walls have ears.），千钧一发（to hang by a thread），空中楼阁（castles in the air），浑水摸鱼（to fish in the troubled water）等。

三、汉语连珠四字句的翻译

上文分析了汉语四字格英译的基本翻译策略，但在汉语表达中，中国人还习惯将不止一个四字格依次排开，语义层层递进，气势不断，具有极强的修辞效果，也就是我们所说的“连珠四字句”。学生在遇到这种语言现象时往往也感到无从下手，这主要体现在英语和汉语搭配词语在“同义反复”方面的差异。汉语本身的语言意义容量小，有接受“同义反复”的条件，而英语是一种非常理性的语言，最重清晰明确，最忌逻辑混乱与文字堆砌，不像汉语那样过分借重辞藻来加强文义、烘托氛围，所以英语是排斥“同义反复”倾向的。

基于汉英两种语言的特点，我们建议学生作“连珠四字句”英译时要克服潜在的汉语文化习惯和思维定式带来的“失落感”，可以采用“舍形取义”的翻译策略。具体而言，大致有下述的几种基本方法：

1. 转换法

例：本品味道鲜美、营养丰富、物美价廉，可供现货。

译：Delicious, nutritious and a good buy. Available from stock.

此汉语广告通俗上口，译文则俗白地道，原文的四字格其实是相对完整的四字句，在英译时变身为形容词短语，各自相得益彰。

2. 拆分法

例：作为世界第一大洲，亚洲幅员广阔，人口众多，资源丰富，有着巨大的发展潜力。

译：Asia, the largest continent in the world, is a vast land with a huge population, abundant natural resources and enormous potential for development.

原文三个四字格连续铺排，译文则保留一条主线并辅以伴随状语结构，井然有序，严守逻辑形式。

3. 缩减法

出于汉语行文风格上的特殊性，不少汉语连珠四字句的使用往往出于声韵对仗、渲染情感气氛或顺应汉语行文习惯等方面的考虑，实际并无多大实际意义。在这种情况下，为顺应英语表达的习惯，翻译中多采用压缩删减的方法。

例：有的地方和部门甚至出现了“上有政策、下有对策”“有令不行、有禁不止”的现象。

译：Some localities and departments even went so far as to disobey orders and defy prohibitions.

原文前两组四字格为中国内部的流行说法，其后的“有令不行、有禁不止”其实已含此意，在对外宣传无须强调这一说法的前提下，可以删去不译，以避免同义重复。

4. 顺应法

汉语连珠四字句语气强烈，结构整齐，学生在翻译时往往会不自觉地顺应原文形式，字遵句从字字不漏。在这种情况下，教师只需提醒学生译后多检查，只要不影响译文表达，又基本符合译文习惯的，还是可以采取这种方法的。

例：要不断解放思想、实事求是、与时俱进、开拓创新。

译：We should continue to emancipate our minds, seek truth from facts, keep pace with the times and make innovations in a pioneering spirit.

但需要指出的是，像这种字字对应、历历俱足的译法并非连珠四字句翻译的主流策略，在英译中时大多还是采取“舍形取义”的手法予以适当变通，以保证译文通顺地道、准确达意。

四、总结

四字格结构是汉语习语的重要表达形式之一，是中国人民在长期的生产劳动和社会生活中提炼出来的一些固定表达，具有强烈的民族四字格结构和文化特征，是人们喜闻乐见和备受青睐的语言表达形式，包括有成语、俗语、谚语和歇后语等。作为初学者，我们要清楚地了解其翻译的形式以及常见的语境，进而达到一定的熟练程度，这样才能将四字格翻译得更好。

第八单元　长句及段落的翻译

☞ 学习目的与要求

通过本单元的学习，学生应了解英汉长句的特点并掌握其翻译方法。

☞ 学习重点与难点

1. 英汉翻译中的长句处理
2. 英汉长句的翻译方法

☞ 学习要点

翻译难，长句翻译更难。相对而言，英语的句式结构普遍比汉语要长，英语长句一般都是形体长、词数多、结构复杂，这就给翻译制造了不小的困难。英汉翻译中对长句的处理关键在于两点：一是对原文的准确理解，二是恰如其分的表达。对原文的理解包括：① 原作者的意旨何在？② 作者的论点及它们之间的逻辑关系怎样？③ 句与句之间的语法关系如何？各个修饰成分之间的关系又怎样？

对长句的理解需要具有一定的阅读能力，准确地表达则需要掌握各种翻译方法和技巧。

一、英汉翻译中的长句处理

英语长句多用于书面语体，如政论、科技语体，一般都是形体长、词数多、结构复杂的句子，主要因修饰成分多、并列成分多或结构层次多而形成，其中既有并列句，又有复合句，也有简单句。当然，长句中并列句和复合句比例最大，简单句相对要少一些。英语长句常常是一个主句带有若干个从句，从句中又夹着短语，短语又帮衬着从句，从句套从句，短语接短语，一步接一步、一环扣一环，互相交叉、互相依附、互相制约、互相解释、互相说明、互相渗透，使句子显得十分冗长。

（一）长句翻译的两个阶段及五个步骤

英译汉的长句处理一般可分为理解和表达两个阶段及五个具体的处理步骤。

理解阶段可分为三个步骤：① 扼要拟出全句的主要轮廓；② 辨清该句的主从结构；③ 把握每部分的要点。

表达阶段可分为两个步骤进行：① 逐一翻译划开的每一部分；② 对译文进行调整、组合，然后检查、修改、润色。

英语长句的处理方法一般是化整为零，分散解决。对于译者来说，最重要的问题是怎样把握好译文的要点，安排好译文的框架结构，形成准确、通顺的译文。除了准确理解原文之外，译文的成功与否很大程度上取决于译者的母语驾驭能力以及对翻译技巧的灵活运用。

（二）实例分析

【例 1】It was originally surmised that different bodies fell to the ground at rates proportional to their respective weights, but, towards the end sixteenth century, Galileo contended that the rate of fall was the same for all bodies—provided gravity were the only force acting—and he attributed the slower rate of fall observed on the case of a light body to the resistance of the air, which exerted a relatively greater effect on a light body than on a heavy body of the same size and shape.

【译文】原先人们曾猜测，不同的物体落到地面上的速度是与各自的重量成正比的。但是到了十六世纪末，伽利略坚决主张，若重力是唯一的作用力，则所有物体的降落速度都是相同的。他还认为，人们观察到的轻物体降落速度较慢是由于空气的阻力引起的，因为空气阻力对轻物体的影响要比对同样大小同样形状的重物体的影响大得多。

【例 2】He returned with his citation for gallantry from the hand of General Lee to a ruined plantation, *where* for a year now his daughter had subsisted partially on the meager bounty of the man *to whom* fifteen years ago he had granted permission to live in that tumbledown fishing camp *whose* very existence he had at the time forgotten.

【译文】他带着李将军颁发给他的英勇奖状回到已经毁坏了的种植园。在这里他女儿一年来部分地靠沃许的一点点施舍过活。沃许就是十五年前经他允许住进他过去钓鱼时住过的破败的小屋的那个人，此时他连这间破屋的存在都已忘却了。

二、英语长句的翻译方法

英语长句的翻译方法很多，本单元着重介绍其中的五种常用方法。

（一）内嵌法

这种方法又叫“包孕法”，主要用于翻译英语的定语结构（包括用作定语的短语和从句），将英语的修饰成分译为汉语句“……的……”结构。其特点是能够保持原文的结构，句式连贯，一气呵成。

【例 3】This is no class war, but a war in which the whole British Empire and Commonwealth of Nations is engaged, without distinction of race, creed, or party.

【译文】这不是一场阶级之间的战争，而是一场不分种族、不分信仰、不分党派、整个大英帝国及英联邦全体成员国无不参加的战争。

（二）切分法

切分法是翻译英语长句的最常见的方法，即将英语长句按意群切分为若干小句，然后再逐句翻译。这种译法的最大好处是能将复杂的结构简化，便于操作。

【例 4】Plastics are made from water which is a natural resource inexhaustible and available everywhere, coal which can be mined through automatic and mechanical processes at less cost and lime which can be obtained from the calcinations of limestone widely present in nature.

【译文】塑料是由水、煤和石灰制成的。水是取之不尽的到处可以获得的天然资源；煤是用自动化和机械化的方法开采的，成本较低；石灰是由煅烧自然界中广泛存在的石灰石得来的。

（三）拆分法

这种方法是将原文中的某一部分（如单词、短语或从句）拆分出来单独处理，或放在译文句首，或放在句尾。

1. 拆解出单词

这种拆分主要用于表达作者对某一观点、行为或事件的看法和见解。

【例 5】An outsider's success could even *curiously* help two parties to get the agreement they want.

【译文】说来奇怪，一个局外人取得的成功竟然能够促使双方达成一项他们希望取得的协议。

2. 拆解出短语

这种拆分主要用于表达某一细节的描述，英语的一些短语夹在句子中间不便翻译，需要拆分出来另起一句。

【例 6】The foreign visitors watched *in a fascinated manner* the tournament held in Beijing, which exhibited a superb performance in smash service, twist service, steady service, high drop and killing and ended in a draw.

【译文】外宾观看了在北京举行的这场锦标赛。这场比赛在发扣球、转球、保险球、吊球和扣杀方面技术都十分精湛，最后打出平局。他们看得简直入了迷。

3. 拆解出从句或独立结构

这种拆分主要是根据汉语表达习惯的需要，将英语的从句或独立结构拆分出来单独处理，作为补充或说明。

【例 7】This land, *which once barred the way of weary travelers*, now has become a land for winter and summer vacations, a land of magic and wonder.

【译文】这个地方现在已经成了冬夏两季的休假胜地，风光景物，蔚为奇观；而从前，筋疲力尽的旅游者只能到此止步。

（四）插入法

插入原文中所没有的标点符号，如破折号、括号、冒号等，用这种方法可保持原文的连贯性。

【例 8】The second aspect is the application by all members of society from the government official to the ordinary citizen, of the special methods of thought and action that scientists use in their work.

【译文】第二个方面是全体社会成员（从政府官员到普通公民）都使用科学家们在他们工作中所采用的那种特殊的思考方法和行为方法。

【例 9】Only through the intellectual activities of logical thinking such as judgment, inference, deduction, induction, synthesis and sublimation etc., namely a process of discarding the dross and selecting the essential and eliminating the false and retaining the true, can perceptual cognition be elevated to the level of conceptual cognition.

【译文】只有通过逻辑思维的智力活动，如判断、推理、演绎、归纳、综合、升华等——去粗取精、去伪存真的过程，感性认识才能上升到理性认识的水平。

【例 10】As far as sight could reach, I feasted my eyes on a vastness of infinite charm, which presents itself in a profusion of color, in verdant luxuriance, in dulcet warbling, in pervading perfume, in rippling undulation, in cataract sprays, in hilly waves, in field crisscross and verily in vitality and variety.

【译文】纵目眺望，我饱览了一片无限娇艳的风光：万紫千红，郁郁葱葱。鸟语悦耳，花香袭人，涟漪荡漾，瀑布飞流，层峦起伏，阡陌纵横。真可谓生机勃勃，气象万千。

【词汇学习】profusion: n. 丰富，大量，浪费 a profusion of colours / flowers

◆ Roses grew in profusion against the old wall.

verdant: adj. 葱郁的

luxuriance: n. ① 繁茂。② 肥沃。③ 丰富。④ 华美

dulcet: adj.（声音）悦耳的，美妙的

warbling: n.（鸟）鸣；颤声

pervading: adj. 弥漫的

undulation: n. ①（水面等的）波动；小浪。②（土地等的）起伏

cataract: n. 大瀑布

crisscross: adj. 互相交叉成十

verily: adv. 真实地；肯定地

（五）重组法

重组法也叫"综合法"，在准确地领会、把握了原文的基础上，彻底改造原文的结构，用恰如其分的译文表达出原文的信息、含义和精神风貌。这是长句翻译中最难掌握的翻译方法，是对译者的外语和母语驾驭能力的挑战。

【例 11】What the New Yorker would find missing is what many outsiders find oppressive and distasteful about New York—its rawness, tension, urgency; its bracing competitiveness; the rigor of its judgment; and the congested, democratic presence of so many other New Yorkers encased in their own world.

【译文】纽约的粗犷、紧张,那种急迫感和催人奋发的竞争性,它的是非观念之严酷无情,纽约市的那种各色人等熙熙攘攘,兼容并蓄于各自天地之中的格局,这一切都使那些非纽约人感到厌恶和窒息;而这一切,又正是纽约人所眷恋的。

三、汉英翻译中的长句处理

(一)适当变通,简化省略

有时候,汉语的遣词造句太注重细节,如汉语特有的四字结构类。汉译英时可视情况作变通处理,将原文最重要的内容放在主句,其余部分用从句、分词短语、介词短语等翻译。必要时,可将汉语的复杂结构简化为英语简单句,将需要突出的方面翻译成主谓结构。例如:

【例 12】这种床垫工艺先进,结构新颖,造型美观,款式多样,舒适大方,携带方便。

分析:将“工艺先进”视为最主要的内容,其余部分用介词短语,后面两个四字结构为另一层意思,可另起一句。

【译文】The technological design of this bed cushion is advanced with novel structure, beautiful shape and various patterns. They are comfortable and convenient to carry.

【例 13】这台机器由于性能稳定、操作可靠、维修方便,因此受到用户的好评。

【译文】This instrument has been welcomed by the customers because of its stability in service, reliability in operation and simplicity in maintenance.

(二)化整为零,分散解决

【例 14】一定要言行一致,理论与实践密切结合,反对华而不实和任何虚夸,少说空话,多做工作,扎扎实实,埋头苦干。

分析:这句话有五层意思。前两层意思比较接近,可以用并列句将其合二为一,“Deed and word must match and theory and practice must be closely integrated.”第三层意思需要添加人称代词作主语,“We must reject flashiness without substance and every soft of boasting.”第四层意思为两个四字结构,需将人称代词转换为 there be 结构,否则会造成“说空话”是主语的行为,“There must be less empty talk and more hard work.”第四层意思也是两个四字结构,用意译的方法译为,“We must be steadfast and dedicated.”

【译文】Deed and word must match and theory and practice must be closely integrated. We must reject flashiness without substance and every soft of boasting. There must be less empty talk and more hard work. We must be steadfast and dedicated.

课外拓展

CATTI 笔译考试词汇必备

传统文化类(1)

1. 艺术及工艺 Arts and Crafts
2. 版画 engraving
3. 贝雕画 shell carving picture
4. 彩塑 painted sculpture
5. 瓷器 porcelain;china
6. 刺绣 embroidery
7. 雕刻 carving
8. 宫灯 palace lantern
9. 国画 Chinese painting
10. 剪纸 paper-cut
11. 景德镇瓷 Jingdezhen porcelain
12. 景泰蓝 cloisonné enamel
13. 蜡染 batik
14. 麦秸画 straw patchwork
15. 木/石/竹刻 wood/stone/bamboo carving
16. 木刻画 wood engraving
17. 泥人儿 clay figure
18. 皮影 shadow puppet
19. 漆画 lacquer painting
20. 漆器 lacquer ware
21. 双面绣 two-sided embroidery
22. 水墨画 Chinese brush drawing ;ink and wash painting
23. 檀香扇 sandalwood fan

24. 唐三彩 Tang tri-colored pottery
25. 陶器 pottery ;earthenware
26. 图章 seal
27. 拓碑 making rubbings from inscriptions, pictures, etc. on stone tablets
28. 拓片 rubbing
29. 微雕 miniature engraving
30. 象牙雕刻 ivory carving
31. 宜兴陶 Yixing pottery
32. 篆刻 seal cutting
33. 戏剧表演 Theatrical Performances
34. 京剧人物脸谱 types of facial makeup in Beijing opera
35. 生 male characters
36. 末 middle-aged male characters
37. 净 “painted face” characters
38. 旦 female characters
39. 丑 clown
40. 京剧票友 amateur performer of Peking Opera
41. 木偶戏 puppet show
42. 独角戏 monodrama;one-man play
43. 皮影戏 shadow play;leather-silhouette show
44. 折子戏 opera highlights
45. 戏剧小品 skit
46. 哑剧 dumb show;mime;mummery;pantomime
47. 单口相声 monologue comic talk
48. 对口相声 witty dialogue
49. 口技 vocal imitations;ventriloquism
50. 说书 monologue story-telling
51. 杂技 acrobatic performance
52. 叠罗汉 making a human pyramid
53. 特技 stunt
54. 踩高跷 stilt walk
55. 马戏 circus performances

56. 神话人物 Mythological Figures
57. 八仙 the Eight Immortals
58. 嫦娥 Chang'e (the Chinese moon goddess)
59. 伏羲 Fu Xi (God of Fishery and Husbandry)
60. 福禄寿三星 the three gods of fortune, prosperity and longevity

考研翻译真题演练

2010 年考研翻译真题

Read the following text carefully and then translate the underline segments into Chinese.

One basic weakness in a conservation system based wholly on economic motives is that most members of the land community have no economic value. Yet these creatures are members of the biotic community and, if its stability depends on its integrity, they are entitled to continuance.

When one of these noneconomic categories is threatened and, if we happen to love it we invent excuses to give it economic importance. At the beginning of century songbirds were supposed to be disappearing. (1) Scientists jumped to the rescue with some distinctly shaky evidence to the effect that insects would eat us up if birds failed to control them. The evidence had to be economic in order to be valid.

It is painful to read these roundabout accounts today. We have no land ethic yet, (2) but we have at least drawn near the point of admitting that birds should continue as a matter of intrinsic right, regardless of the presence or absence of economic advantage to us.

A parallel situation exists in respect of predatory mammals and fish-eating birds. (3) Time was when biologists somewhat overworked the evidence that these creatures preserve the health of game by killing the physically weak, or that they prey only on "worthless" species.

Some species of tree have been read out of the party by economics-minded foresters because they grow too slowly or have too low a sale value to pay as timber crops. (4) In Europe, where forestry is ecologically more advanced, the non-commercial tree species are recognized as members of native forest community, to be preserved as such, within reason.

To sum up: a system of conservation based solely on economic self-interest is hopelessly lopsided. (5) It tends to ignore, and thus eventually to eliminate, many elements in the land community that lack commercial value, but that are essential to its healthy functioning. It assumes, falsely, I think, that the economic parts of the biotic clock will function without the uneconomic parts. It tends to relegate to government many functions eventually too large, too complex, or too widely dispersed to be performed by government.

自主学习

科技英语汉译方法

1　简介

随着全球化进程的加快和科技的迅猛发展,科技英语作为交流的工具越来越受到人们的重视。科技英语作为翻译的一种类型,作为应用文体翻译的一种,具有语言规范、语气正式、陈述客观、逻辑性强、信息量大、专业化程度高且大量使用符号、公式、图表等特点,特别是其注重科学性、逻辑性、客观性,而且具有不夸张、不渲染、不用华丽辞藻和表现文采的修辞手段等风格,构成了科技文体的独特体裁。了解并掌握这些特点,就可以在遵循忠实、通顺原则的基础上采用灵活适宜的翻译策略与方法,从而实现科技翻译的目的。

1.1　科技英语的定义

科技英语(English for Science and Technology,简称 EST)作为一种重要的英语文体,与非科技英语文体相比具有以下几个特征:述说事理、逻辑性强、结构严密、术语繁多、语言严谨、数据精确。

1.2　科技英语的翻译标准

翻译标准适用于一切文体,因此对于科技英语的翻译,大家所熟知的“信、达、雅”“神似”“化境”等标准依然适用。但科技英语的特点主要是述说事理、陈述事实、结构严密、逻辑性强,所以译文必须概念清楚、条理分明、逻辑正确。笔者认为,科技英语的翻译必须要满足三个标准,即忠实、通顺、明确。

1.3　科技英语的语法特点

1.3.1　大量使用被动语句

科技文章中,绝大多数句子是被动句,这是因为科技文章侧重叙事推理,强调客观准确，作者需要客观地对待事物，而不强调行为的主体，所以通常不用“I”“you”等作为句子开头。

被动语态在科技文章中使用得很频繁，例如：

The hydraulic power systems shall be designed, manufactured, erected, tested and commissioned as per the standards laid down in this specification. Detailed instructions on such aspects as are not indicated herein shall be as per the codes adopted by the ISO standards.

短短的两句话，里面用到的被动语态竟然有三处（含从句一处），如果将过去分词作后置定语也算成被动语态，那么这里的被动语态会高达五处。

1.3.2　大量使用缩减的非谓语动词结构代替各种从句

为了叙事简洁明了，科技文章往往使用分词短语代替定语从句或状语从句；使用分词独立结构代替状语从句或并列分句；使用不定式短语代替各种从句；使用介词＋动名词短语代替定语从句或状语从句等。例如：

The new valve developed by him has been granted the Utility Patent.（过去分词作后置定语）

The power is cut off, the motor running under the inertia.（现在分词独立主格结构）

To close the valve means to stop water supply to the mill.（不定式作主语和宾语）

1.3.3　经常使用固定句型/句式

科技文章中经常使用若干特定的句型，最为常见的一个句型便是“it is＋形容词＋to”，用这一方式引出一个句子，可以避免使用人称形式。还有一个句型是“it (is)＋形容词（动词过去分词）＋that”，典型句式包括：

It is likely that the liquid steel in the mould will be braked by EMS.

It should be noted that this energy cannot be destroyed, only changed into other forms.

此外，科技文章的作者还非常喜欢使用位于句末的“ing 从句”，用来代替 and，它对前面的主句进行附加说明，当第二部分主语与第一部分不同时，必须写出来。例如上面举过的例子：The power is cut off, the motor running under the inertia.

1.3.4　大量使用长句

科技英语的作用是陈述事理、描述过程，因而逻辑性强、结构严密、表达明确。这些特点造成科技英语的句子必然带有许多修饰、限定和附加成分。这些成分一多，句子必然就长。英语中的长句既有简单句，又有并列句和复合句。有时一个长句就是一个较长的段落。

2 单词译法

2.1 正确选择词义

2.1.1 根据词类确定词义

在确定某个单词的词义时，首先要明白其词性。英语中有许多词在不同的句子中词性不一样，词性不同会导致意思的不同，这也是英语中的同形异义现象。在这种情况下，我们必须根据句中的词性来确定其词义。例如：

We name all PCs which are fitted with a certain amount of workspace memory RAM.

我们要指出的是所有的微机都有一定数量的称为随机存储器的存储器工作区。

Active-matrix displays sometimes are called TFT displays, named after the thin-film transistor (TFT) technology they use.

有源显示器有时称为 TFT 显示，是依据其所采用的薄片晶体管(TFT)技术而命名的。

2.1.2 根据不同的学科和专业内容确定词义

有不少单词在普通英语中的词义与在科技英语中的词义完全不同，而且在不同的专业中词义也完全不一样。翻译时还要注意根据其专业内容来确定词义。例如：

Press the power button on the monitor.

按一下显示屏上的电源键。

He is our monitor.

他是我们的班长。

2.1.3 根据词的搭配或习惯用法来确定词义

英语中不少词有一些固定的表达式，在科技英语中，还有许多习语，必须按其搭配方式或固定的词义去翻译，才能使人清楚其词义。例如：

a smoke screen 烟幕

a wide-screen film 宽银幕电影

Franklin antenna 富兰克林天线

logic circuit 逻辑电路

2.2　根据上下文对词义进行引申

在翻译过程中，有时会遇到某些词在英语词典上找不到适当的词义的情况，如果任意地硬搬或逐字翻译，会使译文生硬晦涩，不能确切地表达其原意，甚至造成误解。这时要根据上下文内容和逻辑关系，从该词的根本含义出发，结合专业去引申其词义。这主要从以下两方面着手。

2.2.1　将词义作抽象化引申

Pressure readings are a guide to system maintenance.

压力读数是衡量系统维修好坏的一种尺度。[把 guide(指南)引申为“衡量……的尺度”使译文通俗易懂。]

2.2.2　将词义作具体化的引申

If no press is available, the clutch parts may be heated by a torch through the bore.

如果不能用铜棒顶着轴承环侧面加力，则可用喷灯加热离合器部件的孔。[这里把 press(施加压力)具体译为“用……顶着轴承环侧面加力”。]

The volume of oil to be pumped is function of the temperature rise.

泵打出的油量随温度的升高而增多。[这里将名词 function(作用)引申为“随……而增多”。]

2.3　根据需要转换词类

英汉两种语言的表达方式不同，在英汉翻译过程中，就不能用“一个萝卜一个坑”的方法逐字对译。原文中有些词在译文中需要转换词类，才能使汉语译文通顺自然。词类转换的情况归纳起来主要有以下四种。

2.3.1　名词、形容词、介词、副词等转换成动词

The operation of a computer needs some knowledge of its performance.

操作计算机需要懂得它的一些性能。(这里把两个名词 operation、knowledge 都译成了动词。)

If additional lubrication is necessary, an oiler is provided.

倘若必须增加润滑，就装上一个加油器。(把形容词 additional 译成动词“增加”。)

2.3.2　动词、形容词、副词等译成名词

The steam engine is only about 20 percent efficient.

这种蒸汽机的效率只有20%。(这里把形容词 efficient 译成了名词。)

The air-conditioning unit is shown schematically on page 2.

第2页上所示的是空气调节装置的简图。(这里把副词 schematically 译成了名词。)

2.3.3 名词、副词转译成形容词

He routinely radioed another agent on the ground.

他跟另一个地勤人员进行了例行的无线电联络。(这里把副词 routinely 译成了形容词。)

This paper presents details of the fabrication process and performance of a ring.

本文描述一种环的详细的制造工艺和工作性能。(这里把名词 details 译成了形容词。)

2.3.4 名词、形容词等译成副词

At this point in the development there was a clear problem of speed-mathching.

在研制过程这点上,显然产生了一个速度匹配的问题。(这里把形容词 clear 译成了副词。)

2.4 根据需要增补或省略部分单词

在翻译过程中,翻译人员还要注意根据上下文或所处的背景对词进行增补或省略,以便使译文更符合中文的表达方式。但这时要注意不能随便更改原文的意思,也不可以增添自己的想法或随意删除自己不懂的东西。例如:

Air is a mixture of gases.

空气是多种气体的混合物。(这里增补了"多种"二字。)

总之,翻译是运用一种语言形式再现另一种语言形式和内容的语言行动。它要求译文必须:① 忠于原文,准确地传达原文的内容和信息;② 用规范的母语进行通顺易懂的翻译,明白地传达原文含义;③ 运用专业知识,从专业角度去处理文章中的词句。

3 句子成分转换译法

由于英语和汉语在词汇构成、语法结构和语言习惯等方面有不少差异,因此在将英语译成汉语时,一般不能直译、死译、逐词译,而应意译、活译、整句译。为了使译文通顺明确,既忠实于原文,又更好地符合汉语的习惯,往往需要对词类和句子成分作一定的变更,即使用所谓翻译技巧中的"转换法"。下面将重点讨论"句子成分转换法"。

所谓句子成分的转换,是指将英语句子中的某一成分译成汉语的另一成分。常见的转译情况如下。

3.1　宾语转换为汉语主语

英语句中最常见的宾语是动词的宾语和介词的宾语，在翻译时的处理方法不同。

3.1.1　动词宾语变换为汉语主语

这种宾语在意义上跟原文中的主语有比较密切的联系，所指的内容是原文中主语的某一部分或某一属性，译成主语后，更加切合汉语的表达方式。与此同时，英语中的主语，一般译作修饰汉语句中主语的定语。如：

An automobile must have a brake with high efficiency.

汽车必须有高效的刹车性能。

Water has a density of 62.4 pounds per cubic foot.

水的密度是每立方英尺 62.4 磅。

Their factory has installed considerable modern lathes.

他们工厂的现代化车床装置相当多。

3.1.2　介词宾语转换为汉语主语

如果英语句中介词的宾语在意义上跟主语在某一方面有关，可以把介词省去不译，把介词宾语译作汉语句中的主语。如：

A helicopter is different from an airplane in construction.

直升机的结构跟普通飞机不同。

Atoms differ in their atomic weights.

各种原子的原子量是各不相同的。

Water is variable in coefficient of expansion.

水的膨胀系数是可变的。

3.2　主语转换为汉语宾语

英语中被动语态较常用，汉语中被动语态较少用。为了符合汉语的表达方式，英语中被动语态常译作汉语中的主动语态，因此英语中的主语常可译作汉语中的宾语。如：

The mechanical energy can be changed back into electrical energy by means of a generator.

利用发电机可以把机械能再转变成电能。

The molecules are held together by attractive forces.

引力把分子聚集在一起。

Water is usually considered as a compound of two elements.

通常把水看作两种元素的化合物。

3.3 主语转换为汉语定语

为了强调英语句中某一个成分，可以把它译成主语，并将英语的主语译作汉语句中的定语。

How many electrons has a magnesium atom in its outer layer?

镁原子的最外层有多少电子？

Various substances differ widely in their magnetic characteristics.

各种材料的磁特性有很大的不同。

Soft wood trees have thin, needle-like leaves.

软材树的叶片纤细，呈针状。

3.4 主语转换为汉语谓语

当英语句子的主语为动作性名词，而谓语为系动词或make，take之类动词的被动语态时，可将主语译为汉语的谓语，并采用无人称句的格式。如：

Precautions are necessary to prevent it from burning.

必须注意不要让它烧着。

Attempts were made to develop a new technique for breeding rice variety.

曾试图研究出一种培育水稻品种的新技术。

3.5 主语转换为汉语状语

英语句子的主语较短，并含有状语意义时，可改译为汉语的状语，并采用无人称句的格式。例如：

These circumstances make it difficult to find site on which to carry out experiment.

由于这些环境条件，难以找到进行试验的场所。

Computer battles bugs.

用计算机排除故障。

4 词序处理法

英语陈述句中的主谓宾排列顺序与汉语基本相同，翻译时依次翻译就可以。但英汉两种语言的表达方式和习惯毕竟有着明显的不同，为了正确地表达原文的意思，又使译文标准通顺，在翻译时需注意处理好词序问题。例如：

An insufficient power supply makes the motor stop.

电源不足就会使马达停转。[这里将 insufficient power(不足电源)改序翻译为“电源不足”较为合理。]

英语中有些用单个的分词或形容词(尤其是具有表语作用的形容词)所表示的定语,通常后置,翻译时可前置,也可后置,但大部分情况下按中文习惯可放在中心词之前。例如:

the phenomenon known 已知的现象

the document required 所需的资料

有些常见习语及词组与汉语完全不同,须按照汉语习惯处理,例如:

sooner or later 迟早

back and forth 前后

sole and only 唯一的

此外,定语从句、状语从句等从句的译法应视具体句子结构作一定的语序调整,使译文符合汉语习惯,这里暂不展开说明。

5　被动语态的翻译

5.1　变换语态

只要英语中的被动句在汉语中可以译成主动句,它们就应该译成主动句,或者它们应翻译成其他结构,这更符合中国人的习惯。

5.1.1　译成形式主动句

某些种类的中文句子语法上是主动的,它们的主语在意义上是受动者,因此,在一些语法书中它们被称为形式主动句或意义被动句。翻译时,可保留原来的主语,删除被动词,直接将被动句变为主动句。这种翻译方式有以下两个优点:

一是使翻译更简洁、通顺,例如:

The solution to the problem was finally found.

这个问题的办法终于找到了。

二是使句子表达符合中文习惯。如果描述一个人或事物具有某些能力或一些荣誉,并且在被动语态中作主语,译成中文时有必要变为主动语态。例如:

There are some metals which posses the power to conduct electricity and ability to be magnetized.

某些金属不但能导电,而且能磁化。

Jagt was awarded the Guggenheim International Astronautics Award in 1973.

贾格特荣获了 1973 年古根海姆国际宇宙航行奖。

5.1.2 翻译成完全主动句

完全主动句与形式主动句不同，它在形式和意义上都是主动的。翻译时，关键是要给出句子的主语。主动语态可以用来呈现以下“被动元素”：

(1)“by”后的宾语。英语被动句中，施动者通常由“by”引导，例如：

Even when the pressure stays the same，great changes in air density are caused by changes in temperature.

即使压力不变，气温的变化也能引起空气密度的巨大变化。

(2)其他介词的宾语。有时英语被动句中不用“by”引出施动者，而是用一个状语。这个状语通常是介词短语。在大多数情况下，它们指代地方、目的和方式。介词短语可以作主动句的主语，例如：

Mechanical energy can be changed back into electrical energy through a generator.

发动机能把机械能再转变成电能。

5.2 增译

英语被动句总是强调发生了什么事，而不强调谁干的，通常省略了主语。语言学家夸克(Quirk)曾指出，大约4/5的英语被动句不指出施动者。但中文相反，因此必要时应该补充主语。使用这种方法能将原文意义完全、通顺地表达出来。

5.2.1 补充人称代词或名词“他们”“你”“我们”和“有人”作主语

例如：

To explore the moon's surface，rockets were launched again and again.

为了探测月球表面，人们一次又一次地发射火箭。

5.2.2 科技文章中那些无施动者的被动句，“本文”“本书”和“本程序”可以在必要时可以补充为主语

例如：

Common ferrous heat treating processes with the case hardening left out are briefly discussed.

本文阐述了一般黑色金属热处理工艺，其中的表层硬化法则删略未论。

6 非限定动词、后置定语翻译法

6.1 非限定动词翻译方法

我们可以用分词短语来替代状语从句、定语从句或并列句，例如：

Given current and resistance，we can find out voltage.

若已知电流和电阻，我们就能求出电压。

也可以使用不定式短语来代替各种从句，例如：

Laboratory facilities must be available to perform such tests.

进行这样的检验必须作好实验室准备。

还可以用“介词＋动名词短语”来替代状语或定语从句，例如：

On integrating this equation, we obtain a formula whereby the exponent of the cosine factor is unchanged.

对这个方程积分后，我们得到一个方程，根据这个公式，余弦因子的指数并不改变。

6.2　后置定语的翻译方法

最基本的方法就是把英语句子里的后置定语尽可能翻译成中文的前置定语，例如：

The ratio of the useful work done by a machine to the work done upon it is the efficiency of the machine.

机器所做的有效功与施于机器上的功之比，为机器的效率。

当然也有例外的情况，有时英语后置定语译成中文时也要后置，例如：

The cut depth, usually measured in inches, is the distance the tool is set into the work.

切削深度是刀进入工作的距离，通常以英寸为度量单位。

7　科技英语中长句的翻译方法

7.1　分译法

分译法就是将英语长句译成汉语的几个句子。由于英汉句子结构的不同，如果采用英语句子的结构形式不能准确地表达原文的思想，我们应该考虑对原句结构进行调整，将原来的句子译成两个或以上的汉语句子。例如：

Invitingly green Angle Island, once a military installation, contains meandering trails and picnic spots ideal for a day's excursion.

迷人的天使岛郁郁葱葱，小径蜿蜒，是一日游的理想野餐场所。但在过去它是一个军事基地。

这个例子证明了遵守上述规则，为我们展示了分译法的具体用法。

7.2　省略译法

省略译法指基于全文的翻译，在译文中减少一些不必要的语言单位。省略译法不是删除原文部分内容，而是使翻译更加简洁、流畅、自然，更符合汉语的表达习惯。翻译的前提是忠实于原文,而不破坏文本的内容。

7.2.1 连接词的省略

英语是一种形合的语言,它需要一个完整的结构,因此,关系词和连词的使用是英语长句中不可缺少的组成部分。相反,意合主要用于汉语中。也就是说,汉语的句子是按照一定的时间序列和逻辑关系连接起来的,从而使连接词显得冗余。简而言之,在英汉翻译时,有时我们可以省略某些关系词或连接词,使译文符合汉语的表达习惯。

7.2.2 省略介词

介词是最活跃的词汇范畴之一,也是英语句子中常用的一种连接词。而汉语则通常通过语序和内在逻辑关系来表达具体的意义。因此,在英译汉时删除几个介词可以使翻译文本更加精确和简洁。

7.3 加括号法

在组织译文的语言时,我们可以将描述性的定语、状语、同位语等加入括号中。这种灵活的处理方法将使译文更加通顺、易懂。例如:

Despite the billions of dollars thrown at lithium-ion technology-the battery of choice for plug-in electrics-progress seems to have stalled, while costs have remained stubbornly high at around ＄2 000 per kilowatt of power.

尽管锂离子技术(充电电池)研究已耗资几十亿美元,但似乎止步不前,而生产每千瓦电成本竟高达 2 000 美元。

由这句话可知,括号中是同位语成分。

第九单元　遣词用字

☞ 学习目的与要求

通过本单元的学习，学生应掌握：英汉词字层次上的对等关系；英语词义辨析法；英语词语翻译技巧；汉译英的选词用字。

☞ 学习重点与难点

1. 语境在翻译中的重要性，"No context, no translation."
2. 英汉词字层次上的对等关系
3. 英语词义辨析的主要方法

☞ 学习要点

翻译要注意语言艺术和技巧。英语语言形式多样，词汇丰富，意义广泛，情感不同。翻译时一定要把语言和环境、语言和表达、语言和情感结合起来，注意词义的选择、引申和褒贬这三个方面的问题。

一、词义的选择

奇妙的英语词汇，由 26 个字母组成，竟洋洋洒洒，浩浩荡荡，有百万之众。英语词典就像是一座词汇仓库，每一个词释义众多，就像是丰富的货堆，让人眼花缭乱。一词多义、一义多词和一词多类的现象很多，选取词语的释义，既靠能力，又靠眼力。

（一）避免望文生义

由于受原文表层语法结构的影响和字面意思的束缚，我们对约定俗成、固定搭配、成语等易产生望文生义的错误。

【例 1】"I will *teach* him *to* deceive others," he said.

【×】他说:"我要教他去欺骗别人。"

【译文】他说:"我要教训他一顿,看他还敢不敢再欺骗人。"

即 I will punish him so that he will not deceive others again.

【例 2】She has *given heart to* him.

【×】她爱上了他。

【译文】她鼓励了他。

give somebody (fresh) heart: to make somebody feel positive, especially when they thought that they had no chance of achieving something

【例 3】He didn't speak (*for*) *long*.

【×】他长时间没有说话了。

【译文】他说话时间不长。

(二) 注重词性

要根据词语主要词性、语法作用、词与词的搭配等来选择词义,用最恰当的词语表达再现原文。

1. 动词(Verbs)

【例 4】Millet made a portrait of Lady Chesterfield, which *flattered* her.

【译文】米利特给切斯特菲尔德贵妇人画了一幅像,这幅像很美,简直超过了她本人。

【例 5】There is no need for you to worry; if anything goes wrong it is I who will have to *face the music*.

【译文】你没有必要担心,如果有什么差错,我来承担后果。

2. 名词(Nouns)

(1) 英语中有很多抽象名词,或由形容词、动词或名词加上词尾构成的抽象名词,用来表示动作、状态、性质、人物的特征、具体的实例或抽象概念,翻译时可以具体化。

【例 6】Her *grace* was a delight.

【译文】她的优雅风度很讨人喜欢。

【例 7】There was a pleasant *freshness* of spring everywhere.

【译文】处处洋溢着春色宜人的清新气息。

(2) 给表示现象、动作、状态、方法或过程的名词添加范畴。

【例 8】He was described as impressed by Teng's *flexibility*.

【译文】据说他为邓灵活的态度所感动。

【例 9】At the same time, *inequality* has become worse, *poverty* has increased absolutely.

【译文】同时贫富不均的现象变得更加严重,贫穷者的绝对数增加了。

【例 10】The Chinese delegation will never accept such *dictation*.

【译文】中国代表团决不同意这种独断专行的做法。

(3) 有的抽象名词,不妨套用汉语的四字结构。

【例 11】But besides the violence there is the *kindness* and *courtesy* of the ordinary American people.

【译文】除了暴力以外,普通美国人还有和蔼可亲、彬彬有礼的一面。

【例 12】What can easily be seen in his poems are his *imagery* and *originality*, *power* and *range*.

【译文】他的诗形象生动、独具一格,而且气势磅礴、题材广泛,这是显而易见的。

3. 形容词和副词(Adjectives & Adverbs)

翻译形容词时可添加或重复形容词所修饰的主体名词,翻译副词时可添加修饰谓语动词的程度副词。

【例 13】Jane's been ill, but she's *as right as rain* now.

【译文】简一直有病,可现在身体很好。(as right as rain 非常好,很不错)

4. 介词短语(Prepositional Phrases)

介词(短语)或译为动词,或译为名词,或译为形容词,还可译为句子。

【例 14】Because he has caught cold he *is* not *at home* today.

【×】他因为感冒了,所以今天不在家。

【译文】他今天感冒了,不能接见客友。

【例 15】He was *at once* a soldier and a writer.

【×】他立即成为一个军人和一位作家了。

【译文】他是一个军人,同时又是一个作家。

5. 音形似而意不同的词(Homonyms)

英语中有很多音形似而意不同的词,翻译时切不可似是而非,想当然了事。

【例 16】an inge*nious* machine 精巧的机器

an inge*nuous* child 天真的孩子

【例 17】a prac*tical* question 实际问题
a prac*ticable* plan 切实可行的计划

【例 18】a statio*nary* temperature 不变的温度
a statio*nery* store 文具店

【例 19】a tort*uous* road 弯曲的路
a tort*urous* punishment 酷刑

【例 20】a *necessary* complement 必要的补充
a *necessary* woman 女佣人，女仆

【例 21】a sum*mery* noon 像夏日一样的中午
a sum*mary* account 概括的报告

【例 22】indus*trial* workers 产业工人
indus*trious* people 勤劳的人们

【例 23】an irrespon*sive* nature 冷漠的性情
an irrespon*sible* teacher 不负责任的老师

【例 24】hos*pital* 医院
hos*pitality* 友好

（三）立足三“意”

每一个词语都有基本意义(basic meaning)、衍生意义(derivative meaning)和搭配意义(collocative meaning)，在翻译时要把握好这三重意义。

【例 25】kill

① They *killed* a bottle of whisky between them.

【译文】他们两人干掉/喝完了一瓶威士忌酒。

② He *killed* ten good years on that job.

【译文】他在那件工作上浪费了整整 10 年。

③ Her bright red hat *killed* the quiet colour of her dress.

【译文】她戴着一顶红色的帽子，这和她一身的素装很不相称。

④ These flowers *kill* easily.

【译文】这些花很容易枯死。

⑤ The funny play nearly *killed* me.

【译文】这出有趣的戏几乎把我笑死。

⑥ That bus ride every day *kills* off all of my energy.

【译文】每天坐那趟公共汽车使我筋疲力尽。

⑦ This carpet *kills* the sound of footsteps.

【译文】这条地毯使脚步声消失。

⑧ The bill was *killed* in the House.

【译文】议案在议会被否决了。

⑨ That has *killed* her affection.

【译文】那件事使她炽热的感情冷淡了。

⑩ Care *killed* a cat.

【译文】忧虑伤身。(谚语)

【例 26】sight

① It cost him a *sight* of trouble.

【译文】那给他招来一大堆麻烦。

② I know him only by *sight*.

【译文】我跟他只是面熟。

③ He fell in love with her at first *sight*.

【译文】他对她一见钟情。

④ The next election was already in *sight*.

【译文】下届选举已经临近。

⑤ Take a careful *sight* before firing.

【译文】瞄准之后再射击。

⑥ I have lost *sight* of my old friend for many years.

【译文】我已多年未得到老友的音讯。

⑦ The Great Wall in China is one of the *sights* of the world.

【译文】中国长城是世界名胜之一。

⑧ The Statue of Liberty is a noble *sight*.

【译文】自由神像是一个宏伟的景物。

⑨ It is worth a long *sight* more than that.

【译文】这个比那个价值高得多。

⑩ Do what is right in your own *sight*.

【译文】做你认为对的事。

(四) 瞻前顾后

"瞻前"指看词的前缀,"顾后"指看词的后缀,即观察派生词的词义。派生词由词根、前缀、后缀组成,这是"扩大词汇量的三把钥匙"。

【例 27】like

① All music is *alike* to Tom.

【译文】啥音乐在汤姆听来全都一样。

② That, I think, is hardly *likely*.

【译文】我想,那不大可能。

③ Man's life is often *likened* to sea voyage.

【译文】人生常被比作海上航行。

④ His *likeness* to his brother was remarkable.

【译文】他长相酷似他兄弟。

⑤ Things cannot be always to one's *liking*.

【译文】事情不会总是称心如意的。

⑥ *Like*(类似的人或物) *likes like*.

【译文】物以类聚。

(五) 看词在句中的位置

词义选择要看词在句子中的位置,前后的"邻居"等,位置改变,意思随之而改变,邻居不同,词义不同。

【例 28】I want to *present* everyone *present* a *present*.

【译文】我想给在场的每个人赠送一份礼物。

(六) 看时间空间、距离方位

【例 29】Did you hear *that*?

【译文】你是否听到刚才说的话?

【例 30】That brings me to *this* question: What is a people?

【译文】以上使我想起了下面一个问题:一个民族的含义是什么?

【例 31】Albert Einstein, who *developed* the theory of relativity, arrived at this theory through mathematics.

【译文】爱因斯坦创立了相对论,他是通过数学推导出这一理论的。

二、词义的引申

语言发展变化的标志之一是词义的引申。词形成时的基本意义叫本义,在使用过程出现的新义叫引申义。引申是指在不脱离原文的基础上,运用延续或扩展的方法,将具体意义引向抽象进行翻译,就是指一个单词、一个词组或者整个句子由原义产生一种新义。

(一) 词义引申三层次:近似、深化、升华

词义引申有三个层次:

近似——接近本义,又不为本义所限制;

深化——赋予新义、与本义在字面上尚有一定的联系;

升华——出自本义而在字面上又远离本义。

【例 32】It's not a good habit for a child to *water* anywhere.

【译文】小孩随地小便可不是一个好习惯。(近似)

【例 33】The custom had its *spring* in another country. (近似)

【译文】这种风俗起源于别的国家。

【例 34】David is *swollen* in everything, in body and in mind. (近似)

【译文】大卫真是虚有其表,身体虚胖,头脑空空如也。

【例 35】You may remember, my dear friend, that when we lately spent that happy day in *the delightful garden* and *sweet society* of the Moulin Joly, I stopped a little in one of our walks, and stayed some time behind the company.

【译文】我亲爱的朋友,上次在芍丽磨坊举行游园会那天,我们玩得很痛快。那天是良辰美景,到会者皆风雅仕女,可是你也许记得,有一次我们散步的时候,我曾经在路上停留了一会儿,落在了大家的后面。(深化)

【例 36】How they bow to that Creole because of her hundred thousand *pounds*!

【译文】瞧她们对那个克里奥尔奉承讨好的样儿,还不是看她有成千上万的财产吗!(深化)

【例 37】Suddenly, *something* inside me turned.

【译文】突然,我心里一酸。(升华)

【例 38】She held *honour*—a cheque for twenty thousand pounds with his signature —quite firmly in her hands.

【译文】她把她的战利品——一张他签字的两万英镑的支票——紧紧地攥在手中。(升华)

(二) 把具体的词义抽象化

由于两种语言的习惯不同,英语中表示具体意义的词语,有时需要用表示抽象概念的汉语来表达。如 pen and sword,汉译为"文武"。这种引申在任何语言中都有,在不同的语言里引申的场合和方式不同,源语中表示具体意义的词,

在译入语中往往需要转换成抽象概念的词来表达，这样才能使意思更加明确，更合乎表达习惯。

【例 39】Every life has its *roses and thorns*.

【译文】生活有苦也有甜。（抽象）

【例 40】Watch out for Harlow, he's full of *mickey mouse ideas*.

【译文】要提防着点哈洛，他满脑子的歪门邪道。（抽象）

【例 41】It is regrettable that our appeal *remains a dead letter*.

【译文】遗憾的是，我们的呼吁没有得到响应。（抽象）

【例 42】There is a mixture of *the lion* and *the lamb* in his character.

【译文】他的性格既刚强又柔弱。

（三）把抽象的词义具体化

【例 43】A nice enough young fellow, you understand, *nothing upstairs*.

【译文】小伙子人长得是年轻英俊，脑子里却是白纸一张。（具体）

（四）注意原文的语言风格

引申要注意原文的语言、语体风格，把作者的意图和所表达的情感、态度、语气等译出来。

【例 44】"I won't have Ralph upset. After all," she grinned, "*a husband in the hand is worth two in the bush*."

【译文】"我不让拉尔夫感到心烦意乱。不管怎么样，"她露齿笑道，"有一个丈夫，毕竟要比两个还没有定的好啊。"

A bird in the hand is worth two in the bush. 双鸟在林不如一鸟在手。

【例 45】You *pays* your money and you *doesn't* take your choice.

【译文】花了钱又买不到自己满意称心的东西，真是乱了套/没法说！

注意：you 之后的语法形式表达"乱了套"。

（五）注意比喻与典故

英汉两种语言，由于历史背景、社会发展、风格习惯不同，其比喻与典故迥然不同，翻译时要把这种比喻与典故的语义用相应的表达方式、所说明的象征含义点明，根据具体情况将引申的意义用通俗的汉语表达方式表述出来。

【例 46】This reminds me about *Lot's wife*.

【译文】这引起了我的好奇心。（curious as Lot's wife 过分好奇）

【例 47】She is a *fox*.

【译文】她是一位时髦迷人的女郎。（fox 狐狸，狡猾的人，[美]迷人的时髦

女郎)

【例 48】It's unfair that historians always attribute the fall of kingdoms to *Helen of Troy*.

【译文】历史学家们总是把王国的倾覆归咎于红颜祸水,这是不公平的。

三、词义的褒贬

带有肯定、颂扬、美好的情感色彩的词称褒义词;带有否定、贬斥、憎恶的情感色彩的词称贬义词;有些词本身就有褒贬意义,有些词孤立地看似乎是中性的,可从上下文的关系上看有时是褒义的,有时又是贬义的。

【例 49】This attitude *results in* a nation of people committed to researching, experimenting and exploring.

【译文】这种态度造就了一个全身心投身研究、试验和探索的民族。

英语中的 result in... 意思是"导致……结果",一般表示不好的结果,带有贬义,可在这个句子中译成褒义"造就",才符合原文之意。

(一) 褒义

【例 50】If you had studied harder at college, you might have become a *somebody*.

【译文】当初上大学,如果你多用点功,说不定已经成为重要人物了。

【例 51】It is a *crime* you didn't finish school.

【译文】你上学没有毕业真是件憾事。

【例 52】It's always *something* that you are the owner of so many wonderful books.

【译文】想想你拥有这么多的好书,你就会感到欣慰。

【例 53】Our son must go to school. He must *break out of the pot that holds us in*.

【译文】我们的儿子一定要上学,一定要出人头地。

(二) 贬义

【例 54】He has the *assurance*(把握,信心) to ask me for money.

【译文】他竟然厚着脸皮向我要钱。

【例 55】They *seize every opportunity* to do all kinds of evils.

【译文】他们无孔不入,干尽坏事。

【例 56】He looked at her with *a smile pasted on her porcine*(似猪的)

face.

【译文】他看着她，猪一样的脸上皮笑肉不笑。

【例 57】As strong as Yasha's love was for Emilia, just as full was it for *temptations*（诱惑，引诱）.

【译文】雅沙强烈地爱着埃米莉亚，这一爱情却充满着唆使他犯罪的邪恶。

由此可见，不论是在英译汉还是在汉译英中，一个词语的意思都会根据上下文和搭配关系的变化而发生变化，为了选择最佳的字词，译者必须具体情况具体分析。

课外拓展

CATTI 笔译考试词汇必备

传统文化类(2)

1. 共工 God of Water
2. 后羿 Houyi (a legendary hero who shot down nine suns)
3. 黄帝 Yellow Emperor
4. 夸父 Kuafu (a fabled sun-chasing giant)
5. 女娲 Goddess of Sky-patching
6. 盘古 Pan Gu (creator of the universe)
7. 神农 Patron of Agriculture
8. 禹 Yu (the reputed founder of the Xia Dynasty)
9. 祝融 God of Fire
10. 古代建筑 Ancient Architecture
11. 塔 pagoda
12. 琉璃塔 glazed stupa
13. 舍利塔 dagoba;sarira stupa (a pagoda for Buddhist relics)
14. 舍利子 sarira remains from cremation of Buddha's of saints' body
15. 喇叭塔 Lamaist pagoda
16. 楼 storied buildings
17. 钟楼 bell tower
18. 鼓楼 drum tower
19. 阁 pavilion

20. 烽火台 beacon tower

21. 华表 ornamental column

22. 牌坊 memorial archway

23. 传统节日 Traditional Festivals

24. 拜年 paying a New Year call

25. 爆竹 firecracker

26. 鞭炮 a string of small firecrackers

27. 除夕 New Year's Eve

28. 春节 Spring Festival

29. 春联 Spring Festival couplets (conveying best wishes for the year)

30. 辞旧迎新 bid farewell to the old and usher in the new; ring out the old year and ring in the new

31. 大扫除 year-end household cleaning

32. 灯谜 lantern riddles

33. 登高 hill climbing

34. 端午节 Dragon Boat Festival

35. 恭喜发财 May you be prosperous! /Wish you all the best!

36. 观灯 viewing the lanterns

37. 贺岁片 New Year film

38. 饺子 dumplings (with meat and vegetable stuffing)

39. 龙灯舞 dragon lantern dance

40. 庙会 temple fair

41. 年画 New Year picture

42. 年夜饭 family reunion dinner on Lunar New Year's Eve

43. 清明节 Tomb-sweeping Festival

44. 扫墓 paying respect to the dead

45. 赏菊 enjoying chrysanthemum

46. 赏月 enjoying the full moon

47. 狮子舞 lion dance

48. 压岁钱 money given to children as a Lunar New Year gift

49. 秧歌舞 yangge dance

50. 元宵 sweet rice-flour dumplings (eaten on the Lantern Festival)

51. 元宵节 Lantern Festival

52. 月饼 moon cake

53. 植树节 Tree-planting Day

54. 中秋节 Mid-autumn Festival

55. 重阳节 Double Ninth Festival

56. 粽子 a pyramid-shaped dumpling made of glutinous rice wrapped in bamboo or reed leaves

考研翻译真题演练

2012 年考研翻译真题

Read the following text carefully and then translate the underlined segments into Chinese.

Since the days of Aristotle, a search for universal principles has characterized the scientific enterprise. In some ways, this quest for commonalities defines science. Newton's laws of motion and Darwinian evolution each bind a host of different phenomena into a single explicatory framework.

(1) In physics, one approach takes this impulse for unification to its extreme, and seeks a theory of everything—a single generative equation for all we see. It is becoming less clear, however, that such a theory would be a simplification, given the dimensions and universes that it might entail. Nonetheless, unification of sorts remains a major goal.

This tendency in the natural sciences has long been evident in the social sciences too. (2) Here, Darwinism seems to offer justification, for if all humans share common origins, it seems reasonable to suppose that cultural diversity could also be traced to more constrained beginnings. Just as the bewildering variety of human courtship rituals might all be considered forms of sexual selection, perhaps the world's languages, music, social and religious customs and even history are governed by universal features. (3) To filter out what is unique from what is shared might enable us to understand how complex cultural behavior arose and what guides it in evolutionary or cognitive terms.

That, at least, is the hope. But a comparative study of linguistic traits published online today supplies a reality check. Russell Gray at the University of Auckland and his colleagues consider the evolution of grammars in the light of two previous attempts to find universality in language.

The most famous of these efforts was initiated by Noam Chomsky, who suggested that humans are born with an innate language—acquisition capacity that dictates a universal grammar. A few generative rules are then sufficient to unfold the entire fundamental structure of a language, which is why children can learn it so quickly.

(4) The second, by Joshua Greenberg, takes a more empirical approach to universality, identifying traits (particularly in word order) shared by many languages which are considered to represent biases that result from cognitive constraints.

Gray and his colleagues have put them to the test by examining four family trees that between them represent more than 2000 languages. (5) Chomsky's grammar should show patterns of language change that are independent of the family tree or the pathway tracked through it. Whereas Greenbergian universality predicts strong co-dependencies between particular types of word-order relations. Neither of these patterns is borne out by the analysis, suggesting that the structures of the languages are lire age-specific and not governed by universals.

自主学习

汉语流水句的英译策略

1 汉语流水句概述

流水句是汉语中常见的一种特殊句式。关于汉语流水句的定义，可谓是众说纷纭。

吕叔湘先生在《汉语语法分析问题》中说：用小句而不用句子做基本单位，较能适应汉语的情况，因为汉语口语里特多流水句，一个小句接一个小句，很多地方可断可连。这是汉语中第一次出现流水句的概念。在吕先生的定义中，他清楚地说明了汉语流水句的基本单位是小句，并指出汉语流水句是“可断可连”的。

张斌等人在《现代汉语语法分析》中写道：在结构上，流水句至少包括两个独立的小句，小句一般不靠关联词来连接。在张先生等人的定义中，他们再次阐述了流水句的基本单位是小句，并且指出汉语流水句应至少包括两个独立的小句。

2 汉语流水句的翻译策略

2.1 合理断句

汉语流水句的分句法就是将句子根据译群和逻辑关系拆分成多个句子或部分进行翻译。通常汉语流水句由几个无关联词的小句构成，逻辑结构和语义都比较复杂，很难直接翻译。因此，英译汉语流水句识别汉语隐含的逻辑语义关系是翻译步骤中的关键。之后，要分清语句内容的结构层次，把流水句按照内在的层次切分拆断，同时兼顾汉语逻辑关系，最终完成英语的表达。

例 1：国内生产总值从 54 万亿元增加到 82.7 万亿元，年均增长 7.1%，占世界经济比重从 11.4%提高到 15%左右，对世界经济增长贡献率超过 30%。

这个句子由四个分句构成，其中三句有比例数据，分别是“7.1%”“11.4%提高到 15%”“30%”，所以，这个流水句可以根据比例数据划分成三个句子。译文如下：

China's gross domestic product (GDP) has risen from 54 trillion to 82.7 trillion yuan, registering average annual growth of 7.1 percent. And its share in the global economy has grown to roughly 15 percent, up from 11.4 percent. China's contribution to global growth has exceeded 30 percent.

例 2：脱贫攻坚取得决定性进展，贫困人口减少 6 800 多万，易地扶贫搬迁 830 万人，贫困发生率由 10.2%下降到 3.1%。

这个句子由四个分句构成，分句间呈总分关系，第一个分句是总述，后三个分句对第一个分句进行解释说明，所以将该流水句拆分成两部分，并用合适的连接词进行衔接。译文如下：

We have made decisive progress in the fight against poverty: More than 68 million people have been lifted out of poverty, including a total of 8.3 million relocated from inhospitable areas, and the poverty headcount ratio has dropped from 10.2 to 3.1 percent.

总之，汉语流水句组成复杂，信息含量高，句式较长，翻译时，应首先根据语义和逻辑关系进行合理断句，化长为短，化整为零。

2.2 理清逻辑

汉语注重意合，汉语的逻辑关系较为隐蔽含蓄，很少使用表示逻辑关系的连词，主要靠时间、事理顺序甚至语气暗示汉语的逻辑关系。而相对地，英语是一种形合的语言。所以在翻译汉语流水句的时候，理清汉语的逻辑关系是极重要的步骤。汉语的逻辑关系有很多种，如条件关系、因果关系、解释说明关系等。翻译时应尽量使逻辑关系外显化，使译文更符合英语的表达习惯，进而能更准确地传达原文的信息。

2.2.1 条件关系

汉语流水句诸多看似并列的分句，其间实际存在深层次的逻辑关系。在合理断句后，流水句被切分成几部分，有时各部分之间呈现出逻辑上的条件关系，即可将分句译为条件状语从句、非谓语动词或其他形式。

例3：面对国家安全环境的深刻变化，我们要以党在新时代的强军目标为引领，牢固确立习近平强军思想在国防和军队建设中的指导地位，坚定不移走中国特色强军之路，全面推进练兵备战工作，坚决有力维护国家主权、安全、发展利益。

这个流水句分句较多，形式上都是并列关系，但是仔细分析逻辑结构后，可以将句子划分。第一个小分句是整个句子的主条件，是整个句子的条件状语。译文如下：

Faced with profound changes in the national security environment, we must treat the Party's goal of building stronger armed forces for the new ear as our guide, and firmly uphold the guiding position of Xi Jinping's thinking on strengthening the armed forces as we develop national defense and the armed forces. We will stick to the Chinese path in strengthening our armed forces, advance all aspects of military training and war preparedness, and firmly and resolvedly safeguard national sovereignty, security, and development interests.

2.2.2 因果关系

流水句的几个部分合理切分后，有时呈现出逻辑上的因果关系，翻译过程中可以将其中的某些部分译为原因状语从句，注意添加 because、so that 等表示因果关系的连词，或译为非谓语动词的形式等。

例4：加强雾霾治理、癌症等重大疾病防治攻关，使科技更好造福人民。

这个句子仅有两个分句，但是其中存在明显的因果关系，第二个小分句是第一个小分句的结果。译文如下：

We will strengthen efforts to reduce smog and prevent and cure cancers and other serious diseases, thus making science and technology do more to benefit the people.

2.2.3 解释说明关系

很多汉语流水句在结构和逻辑上呈现出“总分”或者“分总”的结构，前后两部分互相补充说明，在翻译时，同样应该突显这种逻辑关系，加上 for example 这样的连词，或者使用同位语从句等进行翻译，使语句表达更通畅合理。

例 5:加快弥补服务业这块“短板”，把“营改增”试点扩大到邮政电信等更多服务领域，用税收的杠杆来培育壮大生产性和生活性服务业，更多运用社会资本，增加养老、健康、旅游、文体等生活性服务供给。

这个流水句含有五个分句，五个分句之间呈现总分关系：第一个分句是总体阐述弥补服务业短板，后四个分句分别阐述“如何加快弥补服务业短板”这一问题。这个句子是一个含有“解释说明关系”的主次流水句，所以这个句子可以用 for example 等连词连接。译文如下：

We should try our best to improve the service sector, which is our weak link. For example, we should extend the pilot VAT reform to postal, telecommunications and other services sectors, use tax tools to develop the producer and consumer services, use more private capital to increase the supply of old-age support, health, tourism, cultural, sports and other services.

2.3 确定主语

从句法上来讲，主语占英语主导地位，主谓轴关系句意，而主语决定了句法结构。相对地，汉语为语义性语言，主语的重要性相对较低，通常以“话题＋说明”为纲，话题统辖各个小句，而各小句自成流块，相对应的主语的句法功能不强。在翻译时，准确地找到主语显得非常重要。确定主语有以下三种手段：使用原主语，增加新主语，使用 there be 句型。

汉语是意合性语言，没有主语也能准确地表达含义；英语是形合性语言，主谓宾是句子的主干。因此，在翻译汉语流水句时，如果分句没有主语，要采取相应的策略确定主语，使译文更准确、更明晰。

2.3.1 使用原主语

汉语流水句由很多分句组成，句意较为复杂。汉语流水句有一个显著特征：主语具有承前性。这些汉语流水句的主语较明确，在翻译时，可以采用原来的主语。

例 6:政府工作人员要廉洁修身，勤勉尽责，干干净净为人民做事，决不辜负人民公仆的称号。

分析这个流水句可以发现,每个句子之间呈并列关系,每个分句的主语都是"政府工作人员",所以在翻译时保留原来的主语。译文如下:

All government employees must cultivate personal integrity and have a strong work ethic and sense of responsibility; we must keep our hands clean and work hard for the people, and never fail to live up to the name of the people's public servants.

2.3.2 增加新主语

汉语流水句中存在很多主语缺失的状况。遇到这类没有主语的汉语流水句,应仔细分析上下文,增加恰当的主语。最常见的情况是,增加代词"we"作为主语。

例 7:倡导和推动共建"一带一路",发起创办亚投行,设立丝路基金,一批重大互联互通、经贸合作项目落地。

这个句子既是一个汉语流水句,也是一个汉语无主句,可以考虑增加"we"作主语。译文如下:

We have launched and worked with other countries in the Belt and Road Initiative. We initiated the Asian Infrastructure Investment Bank, set up the Silk Road Fund, and launched a number of major connectivity and economic and trade cooperation initiatives.

2.3.3 使用 there be 句型

在汉语流水句中,很多分句存在形式上的主语,分析后往往主语应该译为状语或其他句子成分。在翻译这类流水句时,最好使用 there be 句型,最常见的就是地名作主语的情况。

例 8:各种风险挑战接踵而至,国内外很多情况是改革开放以来没有碰到过的。

前一分句的主语是"风险挑战",后一分句的主语未定,用"国内外"作状语比较符合英语翻译习惯,并将其提前。考虑使用 there be 句型翻译。译文如下:

Both at home and abroad, there have been many new developments, developments that we have not faced since reform and opening-up began.

2.4 合理衔接

为了解决译文的衔接与连贯问题,突显汉语原文中隐含的逻辑关系,需要采用相关的衔接方法。这些方法包括使用关系词或连接词、使用介词等。

汉语流水句关联词的缺失是汉语意合性的重要体现，句子以“意尽为界”并包含大量隐晦的逻辑信息。翻译时，必须将这些逻辑关系外显化，最有效的方法就是使用英语中的衔接手段。

2.4.1 使用关系词或连接词

英语中的从句如主语从句、宾语从句、定语从句等，均依靠关联词与主语衔接，逻辑关系简洁明了。同时，英语中还存在大量表示逻辑关系的连接词，如：and 表示并列关系，but 表示对比关系，because 表示因果关系等。为了外化汉语流水句内在的逻辑关系，可以使用关系词或连接词作为衔接手段。

例 9：本届博鳌亚洲论坛年会以“亚洲新未来：迈向命运共同体”为主题，可谓恰逢其时，既有重要的现实意义，也有长远的历史意义。

分析这个流水句的逻辑可以发现，第一个分句是句子的主句，后面三个分句可以处理成从句，起到解释说明的作用，这种逻辑关系最好译为英语中的非限定性定语从句，用 which 作关系代词，连接两个句子。译文如下：

The theme of this annual conference is “Asia's New Future: Towards a Community of Common Destiny”, which is quite realistic now and meaningful in history.

例 10：要加强海上互联互通建设，推进亚洲海洋合作机制建设，促进海洋经济、环保、灾害管理、渔业等各领域合作，使海洋成为连接亚洲国家的和平、友好、合作之海。

这个流水句由四个分句组成，前三个分句是具体的措施，最后一个分句是措施的结果，所以可以考虑增加 so that 这样的连词。此外，这也是一个无主句，每个分句都是由动词引领的，应考虑增加主语。原文中该流水句的上下文阐述的是亚洲国家如何进行海上合作，因此，可以考虑增加 we(Asian countries)作主语。译文如下：

We should try our best to promote the maritime connectivity, speed up institution building for marine cooperation in Asia, and promote cooperation in marine economy, environmental protection, disaster management and fishery so that we can turn the sea which connected Asia into the sea of peace, friendship and cooperation.

2.4.2 使用介词

介词短语在英语句子中可以作状语、定语等，能很好地表示原文的逻辑关系，因此，在翻译汉语流水句时，可以借助介词短语来表示逻辑关系，使原文流畅清晰。

例 11：坚持把发展经济着力点放在实体经济上，继续抓好“三去一降一补”，大力简政减税减费，不断优化营商环境，进一步激发市场主体活力，提升经济发展质量。

使用介词短语表现句子间的逻辑关系是重要的一种衔接手段。在这个流水句中，前五个分句是具体措施，最后一个分句是一个目的状语。因此，在翻译这个流水句时，最后一个分句前用 in order to 这样的介词短语连接，外化其逻辑关系。译文如下：

In economic development we need to focus on the real economy. We will continue to cut overcapacity, reduce excess inventory, deleverage, lower costs, and strengthen areas of weakness. We will take big steps to streamline administration and cut taxes and fees, keep improving the business environment, and further energize market entities, in order to increase the quality of economic growth.

2.4.3　使用其他衔接手段

其他衔接手段包括形态变化形式，具体包括词缀变化，动词、名词、代词、形容词和副词的形态变化（例如：性、数、格、时、体、语态、语气、比较级、人称等）及其保持前后一致的关系，使用代词以保持前后呼应的关系，以及使用 it 和 there 作替补词起连接作用。使用以上衔接手段可以使原文中隐晦的逻辑外显化。

例 12：创造亚洲的美好未来，要靠各国自身发展，更要靠地区共同进步。

在这个流水句中，第一个分句是整个句子的主语，后两个分句是并列的谓语结构。为表示这种逻辑关系，第一个分句应用非谓语动词处理，后两个分句处理成动词短语用 and 连接，后两个分句的谓语动词应变为第三人称单数。译文如下：

Establishing a bright future in Asia depends on self-development of every country itself and relies on common development in the area.

例 13：根据有关方面的统计数据，当前，城镇就业持续增加，居民收入、企业效益和财政收入平稳增长，物价总水平保持稳定，全社会用电量增幅回升，结构调整出现一些积极变化，中国经济开局平稳，总体良好。

这个较长的流水句中包括七个分句，呈现出“分总”的结构，前六个分句具体阐述了中国经济目前的状况，最后一个分句总述了中国的经济状况。因此，该句可以在最后一个分句前断成两部分，第一部分由于主语不同，需要用短句阐述。为了体现两部分的逻辑关系，使用 these factors 这样的代词进行衔接。译文如下：

The statistics show that urban employment is increasing, the individual income, the corporate profits and the financial income have been increased. And the consumer prices remained stable. The use of electricity is increasing. And there are positive dynamics in structural adjustment. All these factors shows that China's economy has a great start and China's economy is quite stable.

参考文献

[1] 包通法.论“简”、“达”、“雅”与科技翻译[J].贵州工业大学学报(社会科学版),2003,5(1):69-73.

[2] 常亮,刘彦奎.目的论与中式菜名英译策略[J].河北旅游职业学院学报,2014,19(1):56-58.

[3] 戴文进.科技英语翻译理论与技巧[M].上海:上海外语教育出版社,2003.

[4] 段红梅.论科技英语中长句的翻译[J].科技情报开发与经济,2004(7):277-278.

[5] 范勇.新汉英翻译教程[M].南京:南京大学出版社,2006.

[6] 傅勇林,唐跃勤.科技翻译[M].北京:外语教学与研究出版社,2012.

[7] 胡德坤,晋玉.新时代中国海洋观及其对国际海洋治理的影响[J].国际问题研究,2021(5):73-89,140.

[8] 黄国文.语篇分析的理论与实践:广告语篇研究[M].上海:上海外语教育出版社,2001.

[9] 景艳娥.非英语专业汉英句子翻译的标准与方法[J].考试周刊,2011(21):80-81.

[10] 李翠柏.浅析科技英语的翻译[J].吉林工程技术师范学院学报,2005,21(4):61.

[11] 李少儒.翻译性质与翻译教学[J].湖北师范学院学报(哲学社会科学版),2013,33(2):124-126,127.

[12] 刘江永.海陆和合论:“一带一路”可持续安全的地缘政治学[J].国际安全研究,2015,33(5):3-21,155-156.

[13] 刘宓庆.文体与翻译[M].增订版.北京:中国对外翻译出版公司,1998.

[14] 刘蓉.科技英语名词化的构成方式及翻译[J].青年文学家,2015(35):122-123.
[15] 刘亚楼,刘君.浅谈科技英语增词法翻译[J].雪莲,2015(24):115-116.
[16] 倪丹烈.汉英翻译教学中对汉语四字格的处理策略[J].科技信息,2010(14):540.
[17] 潘福燕.英语科技文体的语词特点及翻译[J].中国科技翻译,2005,18(4):56-58.
[18] 沈纯道.架起沟通的桥梁:翻译[J].成才与就业,2011(18):38-41.
[19] 王秀芬.英语被动句的汉译[J].长江职工大学学报,2003,20(4):59-61.
[20] 严尽忠.汉英主语和谓语比较与翻译[J].学园(教育科研),2013(4):41-42.
[21] 杨立华.英语教学中对一些汉译英翻译技巧的学习[J].黑龙江科技信息,2012(24):190,249.
[22] 于文慧.汉语四字格用语的特征及翻译策略[J].黑龙江科学,2014,5(11):95.
[23] 张复星.翻译:语际间表达方式的转换[J].外语教学,1991,12(2):14-21.
[24] 张泽乾.翻译断想(续)[J].语言与翻译,1988(2):27-30.
[25] 钟文.习近平出席并发表主旨演讲 2015 博鳌亚洲论坛在博鳌开幕[J].台声,2015(7):29-31.
[26] 周苏菡.基于中西文化差异的中式菜名英译探析[J].海外英语,2012(22):185-186.

后　记

《翻译基础教程》由基础翻译教学团队集体编写而成。编写团队均由教授基础翻译课程的一线教师组成，他们有深厚的专业知识、较强的编写能力和丰富的授课经验。团队成员历经十余年基础翻译课程教学的实践积累，利用寒暑假，集体分工合作，共同完成了这部教材的编写任务，其间经过反复多次修改、润色，终于在2022年仲夏成稿出版。任教老师亲自编写教材，会了解教材的编写意图，理解教材的深浅脉络，在日后的基础翻译教学中，能更充分发挥教材在教学中的作用。这一点在十几年来的基础翻译课的课堂上已得到有力的证实。

本教材旨在帮助非英语专业学生树立跨文化交际意识，提高学生跨文化沟通能力，增进非英语专业学生对中外文化异同的认知和对不同文化的理解，使他们在国际科技、文化沟通和交流中具备基本的、较为扎实的英语语言文化基础；培养非英语专业学生的基本的英汉互译能力，发展非英语专业学生英语自主学习能力，使他们在学习、生活、社会交往和未来工作中能够有效地运用英语翻译技能，增强非英语专业学生在就业市场上的竞争力，满足国家、社会和个人发展的多重需要。

本教材的编写团队由郭明静、徐萍、高晓琦、刘畅、徐多毅、张帆、王春燕等7名教师组成。团队践行立德树人根本的任务，合作完成该教学研究成果。本教材中引用和参考的教材、专著、文章等，已基本在参考文献中列出。衷心感谢编写团队的全体同人，他们为这部教材付出了大量的时间和辛勤的汗水。他们是——

主编：郭明静，副教授，硕士，翻译学。副主编：徐萍，副教授，学士，外语教学与管理。编委：高晓琦，副教授，硕士，文学翻译研究。刘畅，讲师，硕士，翻译学。徐多毅，讲师，博士，翻译学。张帆，讲师，博士，翻译学。王春燕，副教授，硕士，翻译学。